1207

STUTTGART – tierisch gut?

Die schönsten Geschichten aus
dem Stuttgarter Erzählwettbewerb

EIN **GULLIVER** VON **BELTZ & GELBERG**

Der Jury gehörten an:

Silvia Bartholl – Lektorin bei Beltz & Gelberg
Nicole Golombek – Kulturredakteurin bei den Stuttgarter Nachrichten
Lena Grimm – Auszubildende bei Wittwer
Almut Kamm – Lehrerin am Hölderlin-Gymnasium Stuttgart
Sandy Kranert – Leiterin der Kinder- und Jugendbuchabteilung bei Wittwer
Sabrina Lutz – Auszubildende bei Wittwer
Manfred Mai - Autor

www.beltz.de
Gulliver 1207
Originalausgabe
© 2010 Beltz & Gelberg
in der Verlagsgruppe Beltz · Weinheim Basel
Alle Rechte vorbehalten
Redaktion: Silvia Bartholl
Neue Rechtschreibung
Markenkonzept: Groothuis, Lohfert, Consorten, Hamburg
Einband: Ulf K.
Gesamtherstellung: Beltz Druckpartner, Hemsbach
Printed in Germany
ISBN 978-3-407-74207-0

Inhalt

Manfred Mai Vorwort 7

Leonick Schmid Folgenschwere Experimente 10
Alina Winkle Stuttgart, öffne deine Tore! 12
Annika Eichstädt Dunkel und hell: Die zwei Gesichter Stuttgarts 14
Denise Tovarysova Im Rolli unterwegs 17
Ali Zein Jahreszeitenwechsel 19
Alexander Höttler Wilhelma – einmal ganz anders 21
Paul-Theo Dreher Hilfe! Ein Bankräuber! 24
Rica Beyer Der Schulzeitungsartikel 27
Patricia Ruckgaber Stuttgart, die Stadt, in der ich lebe! 30
Tanja Kiedaisch Geheimnisvoller Spuk in der Villa Berg 32
Mandy Quach Neuanfang in der Großstadt 35
Lorenz Reuter Rund um den Eckensee 39
Sophie Stamer Stuttgarts aufregendster Aufzug 40
Marlene Arndt Es tut mir so leid 42
Sven Schenk Stromausfall! 45
Alexios Edelkott Stuttgart, Hilfe bitte 47
Emma Heil Walpurgisnacht auf dem Hasenspielplatz 48
Nina Schwarze Gebäude in Not 50
Johanna Rank Kommt doch vorbei! 52
Jonathan Maisenbacher Stuttgart 21? 54
Alissa Maragos Liebe in Stuttgart 55
Berfin Eroglu Die Wilhelma 58
Luise Behring Stuttgart – oifach schöö! 59

Leopold Schmid Der treue VFB-Fan **61**
Naemi Eggeler Ein glücklicher Obdachloser **63**
Sarah Hofmann Ein echter Reinfall **67**
Franz Xaver Lallinger Rabbits in Stuttgart **71**
Kai-Oliver Kohlen Das Wappentier von Feuerbach **75**
Alexa Mara Motte Stuttgart – du bist perfekt **76**
Valentin Gekeler Akrostichon **78**
Nils Carsten Schreiner Aufregung im Stuttgarter Westen **79**
Fiona Schönfeld Toms Alltag in Stuttgart **82**
Alexandra Kukshausen In Stuttgart **83**
Berit Krause Bergauf, bergab und samstags Einkauf **85**
Dominik Sauka Urlaub in Stuttgart **87**
Helena John Herr Schröder unterwegs **90**
Noah Merkert Stuttgart liegt im Schwabenland **93**
Melanie Hock Ein Tag Stuttgart **94**
Antonia Franziska Roso Wir in Stuttgart **97**
Finn Brandenburg Das große Beben **98**
Arlind Angelike Hoch oben **101**
Hannah Koch Ein wahrer Traum **102**
Larissa Jaus Susan + Stuttgart = Fun **105**
Franziska Sophie Schneider Stuttgart mit zwei Gesichtern **109**
Pia Albrecht Wie ich Skifahren lernte **112**
Kevin Beler Stuttgart, Stuttgart, das geht ab **114**
Cara Maier Hör auf dein Gespür – ein Abenteuer beim Rotwildgehege **116**
Lisa Witolla Das Pferd mit den 15 Augen **120**
Blandia Langniß Stuttgart ist für alle da! **123**
Liliana Reinöhl Das schönste Weihnachten einer Katze **124**

Vorwort

Stuttgart – tierisch gut? So lautete das Motto des Erzählwettbewerbs, den Beltz & Gelberg gemeinsam mit der Stuttgarter Buchhandlung Wittwer und den Stuttgarter Nachrichten für die Klassen fünf bis sieben aller Schularten ausgeschrieben hatte. Das Fragezeichen sollte deutlich machen, dass die Meinung der Mädchen und Jungen gefragt ist. Wie sehen sie ihre Stadt? Was gefällt ihnen und was nicht? Was finden sie gut und was wünschen sie sich anders?

Über 200 eingereichte Geschichten, Gedichte und sogar Raps kamen in die engere Wahl. Alle Jurymitglieder lasen alle Texte und wählten fünfzig davon aus, die in dem geplanten Buch abgedruckt werden sollten. Etliche Texte waren so gut, dass die Jury sich schnell einig war; über andere Beiträge wurde ausführlich und engagiert diskutiert. Das Ziel war, ein möglichst vielstimmiges Porträt der Stadt zu bekommen. Nun liegt die Geschichtensammlung vor – Leserinnen und Leser erwartet eine Reise kreuz und quer durch Stuttgart!

Auffallend war, dass viele Phantasiegeschichten eingereicht wurden, zum Teil sehr poetische Geschichten. In manchen träumen die Mädchen und Jungen sich eine schönere Stadt, eine schönere Welt zusammen.

Andere machen keine poetischen Umwege, sondern kommen direkt zur Sache, indem sie schnörkellos benennen, was ihnen nicht passt. Interessant ist, dass ein Thema, das in Stuttgart gerade in den letzten Monaten heiß diskutiert wurde, auch die Kids beschäftigt: Stuttgart 21. Mit einer Ausnahme wird der teure Umbau des Bahnhofs abgelehnt.

Die Zeit, in der der Wettbewerb lief, spiegelt sich in vielen Texten wider: die Adventszeit. Und es scheint beinahe so, als ob die Jugendlichen in dieser Zeit noch schärfer beobachten als sonst. Die Texte klingen nicht nach »O du fröhliche …«, sondern thematisieren, dass manche Menschen mit übervollen Einkaufstaschen durch die Königstraße hetzen, während andere nicht wissen, wovon sie die nächste Mahlzeit bezahlen sollen. In dem Gedicht von Antonia Wehn kommt das Christkind nach Stuttgart:

»… sieht Glanz und Neid zugleich
und Reichtum und viel Glitzern,
doch wenig Freundlichkeit.

Doch sieht es auch ein Pärchen,
das sich die Hände hält.
Sie tragen keine Taschen,
doch alles Glück der Welt.«

Trotz allem – so könnte man die Botschaft der Beiträge zusammenfassen, trotz allem, was in Stuttgart nicht oder noch nicht so ist, wie die Kinder es sich vorstellen und wünschen, trotz allem leben sie doch gern in Stuttgart. Und einige scheuen sich nicht zuzugeben, dass sie stolz auf ihre Stadt sind. Hinter »tierisch gut« würden sie vermutlich kein Ausrufezeichen setzen – so weit gehen auch die jungen Bewohner der schwäbischen Landeshauptstadt nicht. Aber ein etwas abgeschwächtes »Stuttgart – ist schon okay« gilt im Schwäbischen als großes Lob.

Manfred Mai, im Februar 2010

Folgenschwere Experimente

Es war einmal ein Hügel, auf dem stand ein kleines Häuschen. Auf den ersten Blick sah es ganz gewöhnlich aus. Doch wenn man ein bisschen genauer hinsah, konnte man erkennen, dass es an einigen Stellen mehrmals geflickt war. Nicht dass das außergewöhnlich war, nein! Das waren nämlich keine Wetterschäden. Jeden Tag zischten entweder Raketen, Blitze oder Ähnliches durch das Dach.

Das war auch der Grund, warum Stuttgartunamus Millimunamusstädtikus, der kleine, bucklige, leicht verrückte Zauberer, der hier wohnte, keine Nachbarn hatte. Sein einziger Mitbewohner war eine Ratte. Aber wie alles an diesem Ort war auch sie keine gewöhnliche Ratte. Sie hatte bei einem Experiment Flügel bekommen und sprechen gelernt.

Eines Tages hatte der Zauberer gerade ein Experiment begonnen, als er bemerkte, dass er sein voriges Experiment noch gar nicht beendet hatte und dass ihm drei Pilze für sein neues Experiment fehlten. Er nahm seine Ratte auf die Schulter, hängte sich einen Korb an den Arm und machte sich auf in Richtung Wald, der direkt neben dem Hügel lag. In seiner Eile schlug er die Hüttentür so heftig zu, dass das Reagenzglas, in dem seine erste Versuchsmixtur rot blubbernd vor sich hin brodelte, umkippte. Es war wirk-

lich eine heftige Erschütterung, denn auch das Glas mit der grünen, zischenden zweiten Versuchsmixtur geriet ins Wanken und fiel um. Die beiden Zaubertränke flossen aufeinander zu, trafen sich auf dem Fußboden und ...
UND EXPLODIERTEN!!!
Die Explosion war so heftig, dass aus dem Hügel ein Krater wurde. Das Häuschen flog hoch in die Luft und landete, wie es sich für ein ordentliches Zauberhäuschen gehörte, völlig intakt (von den geflickten Stellen abgesehen) wieder im Krater. Das Türschild war durch die Explosion ein bisschen verrußt und der Name zum Teil unleserlich geworden. Statt Stuttgartunamus Millimunamusstädtikus stand da: »Stuttgartstadt«.

Als der Zauberer sah, was er angerichtet hatte, hörte er auf mit der Zauberei und wurde Koch. Das Experimentieren konnte er jedoch nicht lassen und so erfand er im Laufe der Zeit Spätzle, Brezeln und Maultaschen. Die Ratte erzählte überall in den umliegenden Dörfern von den köstlichen Kreationen ihres Meisters. So kamen immer mehr Menschen, um die Gerichte zu probieren, und blieben, da nun ja keine echte Gefahr mehr von dem Häuschen ausging. Um das Haus bildete sich ein Dorf, dann eine Stadt, und die heißt Stuttgart.

Leonick Schmid (11), Königin-Olga-Stift

Stuttgart, öffne deine Tore!

Stuttgart, öffne deine Tore
in dir bin ich geboren
Wunderschön in einem Kessel
und alle Menschen sind gefesselt

Rathausplatz, Königstraße und Planetarium
gehören zu dir wie der Fernsehturm
Viele Menschen und Passanten
lockst du mit den Giganten

Doch manches find ich fürchterlich
Den Verkehr und das Gedröhne
höre ich in jedem Tone
Auch die Ampeln werden schneller rot
sodass gleich ein Stau droht

Die Wilhelma ist so toll
und im Sommer immer voll
Auf die Weihnachtsmärkte gehe ich gerne
da gibt es viele Funkelsterne
Natürlich auch ins Porsche- oder ins
Mercedes-Benz-Museum sollte man gehen
um die tollen Autos zu sehen

Ich mag die Stadt und hab sie gerne
denn in weiter Ferne
ist es nicht so schön wie da
o Stuttgart, du bist wunderbar

Alina Winkle (11), Schillerschule Eberdingen

Dunkel und hell:
Die zwei Gesichter Stuttgarts

Hallo. Mein Name ist Sophie, ich bin 1,54 m groß und zwölfeinhalb Jahre alt. Eigentlich wohne ich in Berlin, aber meine Eltern, mein Bruder Vincent und ich sind in den Sommerferien losgefahren, Deutschland zu erkunden. »Das bildet und macht Spaß«, hat Papas Machtwort gelautet.

Nun, jetzt haben wir den 21. August. Heute sind wir von dem Hotel im Schwarzwald nach Stuttgart gebraust. Auf den ersten Blick sehe ich, wie groß die Stadt ist. »Stuttgart ist die Hauptstadt von Baden-Württemberg. Sie hat 600.068 Einwohner und ist Deutschlands sechstgrößte Stadt!«, erzählt Mama, und ich bemerke, dass sie unglaublich stolz ist, dass sie das alles weiß. Mich langweilen Mamas Vorträge. »Darf ich allein auf Erforschungstour gehen?«, frage ich deshalb. Mama schaut Papa an. Papa schaut Mama an. »Ich hab ein Handy!«, lege ich noch eins oben drauf. »Also gut«, flötet meine Mutter, »wenn du Vincent mitnimmst.« Ich seufze. Aber trotzdem laufe ich mit dem 8-Jährigen davon. Wir kommen durch Gässchen mit hohen Häusern, die dunkle Schatten werfen. Vincent klammert sich ängstlich an mich. Auch mir ist nicht so ganz wohl.

Ein Bettler streckt seine vernarbte Hand nach uns aus. Ich kreische und stolpere rückwärts. Der Mann hat graue, verfilzte Haare, die ihm ins Gesicht hängen. Seine Augen (oder eher: sein Auge, das zweite ist von einer Augenklappe verdeckt) sind schwarz wie Kohle und er mustert uns. Schreiend rennt Vincent weg. »Warte!«, rufe ich und sprinte hinterher. Doch der Kleine ist schnell; seit er vier ist, geht er in die Leichtathletik. Da kann ich als Schwimmerin nicht wirklich mithalten.

Erst auf dem Marktplatz fange ich ihn endlich ein. Nur mit einer Packung Gummibärchen kann ich Vincent wieder beruhigen. Plötzlich tippt mir jemand auf die Schulter. Erschrocken drehe ich mich langsam um. Ein Mann im Anzug steht im bunten Treiben hinter mir und lehnt an einem schwarzen Porsche Cayenne. »Hast du das da vielleicht verloren?«, fragt er freundlich und hält mir einen rosa Geldbeutel hin. Ich nicke und stecke ihn schnell ein. Noch bevor ich mich bedanken kann, ist das Auto auch schon wieder weg. Kopfschüttelnd nehme ich meinen Bruder an die Hand und wir schlendern zu einem Eisverkäufer. Fröhlich am Eis schleckend, kommen Vincent und ich auf den Schlossplatz. Vor einer Gruppe Jugendlicher, die Breakdance machen, bleiben wir stehen. Und ehe ich mich versehe, ist Vincent schon wieder davongelaufen. Aber nicht weit. Nur in die Arme meiner winkenden Eltern. Gemeinsam betreten wir den Buchladen »Wittwer«. Dort versinke ich in Harry Potters Zauberwelt. Unser Abenteuer in der dunklen Gasse ist vergessen. Trotzdem finde ich, dass Stuttgart auf jeden Fall zwei Seiten hat: die schöne der Reichen und die schmutzige der Bettler und Obdachlosen. In dieser Hinsicht ist Stuttgart wie Berlin, nur viel kleiner.

Abends um 18 Uhr kommen wir im Schwarzwaldhotel an. Nach dem Essen schlafe ich sofort ein. Ich träume von meinem Schock in der dunklen Gasse. Aber ich bin zufrieden mit dem Tag. Das Letzte, was ich höre, ist Papas Stimme: »Morgen fahren wir nach München.«

Annika Eichstädt (11),
Philipp-Matthäus-Hahn-Gymnasium Echterdingen

Im Rolli unterwegs

Ich heiße Denise und bin zwölf Jahre alt. Seit ich denken kann, sitze ich im Rollstuhl, und mein Leben ist ganz anders als bei anderen Kindern.

Leider ist es für mich ziemlich schwer, in die Stadt zu kommen, weil die Straßenbahnen keine Rampen für Rollis haben. Auch die U-Bahnen haben das nicht, deshalb bleibe ich immer mit den Vorderrädern hängen und kann ohne Hilfe nicht einsteigen. Aber es gibt Busse, die zum Glück eine Rampe haben und keine Treppen. Mit den Bussen kann ich nach Cannstatt fahren. Wenn ich dann in der Stadt bin, gibt es neben den Treppen Rampen, auf denen Rollifahrer und Kinderwagen fahren können, ins Karree. Oft laufen aber auf diesen Wegen Fußgänger. Das finde ich blöd, weil wir, die Rollis und Kinderwagen, keinen Platz haben. Für die Fußgänger sind ja die Treppen da. Im Karree macht es ziemlich viel Spaß einzukaufen, denn es gibt überall Aufzüge.

Wenn ich woandershin will, zum Beispiel ins Tierheim, dann muss meine Mama einen Transport bestellen, das ist ein großes Auto, da kann ich reinfahren mit meinem E-Rolli. Ein E-Rolli ist ein elektrischer Rollstuhl, den ich alleine fahren kann. Schade, dass die Straßenbahnen nicht rollstuhlgerecht sind, sonst könnte ich nämlich alleine in die Schule fahren. Jetzt muss mich immer der Malteser Fahrdienst in die Schule bringen.

In Stuttgart finde ich gut, dass wir Rollifahrer nichts bezahlen müssen in den öffentlichen Verkehrsmitteln.

Toll finde ich, dass es Fahrdienste gibt. Stuttgart ist eine schöne Stadt, aber leider kommt man als Rollstuhlfahrer nicht überall hin.

Denise Tovarysova (13), Schule für Körperbehinderte

Jahreszeitenwechsel

Zur Frühlingszeit im Kurpark
blühen Maiglöckchen,
hier und da sind fleißige
Eichhörnchen.
An den Bäumen hängen Knospen
und die Vögel wollen ihr Futter
kosten.

Der Sommer ist sehr heiß,
deshalb gibt's in Stuttgart so
tolles Eis.
Alle sind in kurzen Hosen,
auf dem Killesberg blühen
schöne Rosen.

Die Kinder lassen im Herbst
auf den Weinbergen Drachen steigen
und der Wind will nicht schweigen.
Bunte Blätter fliegen umher
und die Rückkehr nach Hause ist
nicht schwer.

Im Winter ist Stuttgart ganz vereist,
rennt man jedoch, wird einem heiß.
Auf dem Weihnachtsmarkt gibt's
heiße Maronen,
um sich vor der Kälte zu schonen.

Ali Zein (10), Gottlieb-Daimler-Gymnasium

Wilhelma – einmal ganz anders

Es war vier Uhr an einem langweiligen Sonntagnachmittag. Draußen war es ungemütlich kalt und nass. Johannes und Moritz saßen auf dem Sofa und spielten mit ihrer neuen Playstation 3, als ihr Vater ins Wohnzimmer hereinplatzte. Johannes und Moritz sind Zwillinge. Sie wohnen mit ihrer Familie in Stuttgart. Ihr Vater sagte: »So, jetzt reicht es aber, ihr habt heute schon genug gespielt. Wie wäre es denn mit einer kleinen Runde durch die Wilhelma? Ich habe die Jahreskarten ja nicht umsonst gekauft!« Moritz murrte: »Muss das sein? Bei dem Wetter!« – »Jetzt stellt euch mal nicht so an.« Die Überredungskunst ihres Vaters war mal wieder überzeugend.

Von ihrem Haus bis zum Zoo sind es nur ein paar Schritte. Als sie an der Kasse durchgelassen worden waren, beschlossen sie, zuerst bei den Bisons vorbeizuschauen. »War vielleicht doch nicht so schlecht, hier hinzugehen!«, rief Johannes seinem Bruder zu. »Da könntest du recht haben«, antwortete ihm Moritz gut gelaunt, als er den einen Bison sich kratzen sah. Die Zwillinge waren schon öfter hier gewesen, aber heute war der Zoo wegen des schlechten Wetters wie leer gefegt. Keine Menschenseele weit und breit. Der Vater und die Jungs liefen an den Antilopen vorbei zum Eisbären-Gehege. Die Eisbären liefen aufgeregt hin und her. »Die benehmen sich aber komisch«, meinte der Vater, während er seine Kamera herausholte, um ein Bild zu machen. Sie blieben noch eine Weile bei den Eisbären stehen, bis Moritz plötzlich auf die Uhr schaute und sagte: »Ähm, der Zoo macht in 20 Minuten zu!« – »Okay, dann machen wir uns langsam auf den Rückweg«, antwortete der Vater. »Davor will ich aber noch ins Biberhaus.«

Sie stiegen die Treppenstufen zu dem kleinen Häuschen hinab. Als die drei sich eine Weile umgeschaut hatten, hörten sie plötzlich, wie die Tür ins Schloss fiel. »Was ist denn jetzt los?«, flüsterte Moritz. »Was wohl? Ein Windzug hat die Tür zugehauen«, erwiderte Johannes. »Kommt, wir gehen jetzt«, sagte ihr Vater, »sonst kommen wir womöglich nicht mehr hinaus.«

Doch als er die Türklinke heruntendrücken wollte, merkte er, dass sie verschlossen war. »Ich glaube es nicht, da hat uns doch tatsächlich jemand eingeschlossen!«, rief der Vater. »Scheiße!«, brüllten Moritz und Johannes im Chor. »Was jetzt?«, sagte der Vater. Er hämmerte gegen die Tür und brüllte, doch niemand antwortete.

Das ging eine ganze Weile so, bis Moritz etwas einfiel: »Johannes, du bist doch so gut im Schlösserknacken, jetzt hast du die Gelegenheit, uns mal zu zeigen, was du draufhast.« – »Vergiss es, keine Chance ohne Draht oder so etwas in der Art.«

Moritz kramte in seiner Tasche und zog einen Zahnstocher hervor. Johannes nahm ihn und machte sich ans Werk. Nach einer halben Stunde sagte er stöhnend:

»Nichts zu machen, tut mir leid.« Er schaute sich um und entdeckte ein kleines Fenster. »Schaut mal dort oben, wenn Papa uns eine Räuberleiter macht, klettern wir hoch und holen Hilfe. Du wirst wahrscheinlich nicht durchpassen, Papa.«

Seine Worte wurden sofort in die Tat umgesetzt und kurz darauf standen sie im Freien. Es war stockdunkel und bitterkalt. »Hallo, ist hier jemand?«, rief Johannes.

»Roooooooaaaaaaaar!« Johannes traute seinen Augen kaum und Moritz hatte seinen Mund aufgeklappt. Vor ihnen bäumte sich ein riesiger Eisbär auf. Seine Eckzähne blitzten im Mondlicht.

Die beiden liefen, so schnell sie nur konnten, und Moritz keuchte: »D...da, der Baum, da sind wir sicher!« Und schon saßen sie im dicken Geäst des Baumes.

Auf einmal starrte Moritz Johannes merkwürdig an. »Was ist los?«, fragte er erstaunt. Moritz sagte nichts und Johannes drehte sich langsam um. Alles, was er noch sah, war das aufgerissene Maul einer riesengroßen Schlange!

Johannes fühlt, wie er geschüttelt wird. Er wacht schweißgebadet auf und blickt in die Augen seines Vaters. Alles nur ein Traum – zum Glück!

Sein Vater flüstert: »Schnell, aufstehen! Wir wollen doch heute in die Wilhelma.«

**Alexander Höttler (12),
Otto-Hahn-Gymnasium Ludwigsburg**

Hilfe! Ein Bankräuber!

»Hilfe! Hilfe!« Schweißgebadet wachte ich auf. Ich hatte geträumt, ich wäre von einem Bankräuber bedroht worden, dem ich zufällig am Hölderlinplatz über den Weg lief. Erleichtert wischte ich mir den Schweiß aus dem Gesicht und verstand endlich, dass es nur ein Traum gewesen war.

Den ganzen Tag über passierte nichts und ich dachte schon gar nicht mehr an meinen schrecklichen Albtraum. Bis zum Abend! Als ich wieder im Bett lag und gerade einschlafen wollte, hörte ich vom Wohnzimmer nebenan den Nachrichtensprecher im Fernsehen: »Heute um 16 Uhr wurde die BW-Bank am Hölderlinplatz in Stuttgart von einem maskierten Bankräuber ausgeraubt. Das gestohlene Geld wird auf mehrere 100.000 Euro geschätzt. Der Bankräuber ist auf der Flu...!« Der Fernseher wurde ausgeschaltet. »Das ist doch kaum zu glauben!«, dachte ich fassungslos. »Gestern dieser Traum und heute soll es wahr geworden sein!« Unruhig schlief ich ein.

Am nächsten Tag hatte ich alles wieder vergessen, doch auf dem Heimweg von der Nachmittagsschule passierte es plötzlich. Als ich am Schlossplatz vorbeiging, sah ich es wieder: das Gesicht aus meinem Traum! Mein Herz stand einen Moment still, doch dann beschloss ich blitzartig, diesen Mann zu verfolgen. Ich rief meine Eltern an und teilte ihnen kurz mit, dass ich noch zu einem Freund gehen würde. Inzwischen nahm sich der Mann ein Taxi, und ich hörte, wie er zum Taxifahrer sagte: »Zum Bärenschlössle, bitte!« Zum Glück hatte ich an diesem Tag genügend Geld dabei und konnte den vermeintlichen Bankräuber auch mit einem Taxi verfolgen. Am Bärenschlössle angekommen, rannte der Mann in die anbrechende Nacht hinein. Seine Spur führte mich auf einen kleinen Waldweg, der in das Dunkel des Waldes führte. Der Bärensee glitzerte in einem dunklen Blau, sodass es schon fast angsterregend war. Plötzlich drehte sich der Räuber um, ich konnte mich gerade noch hinter einer großen Eiche verstecken. Mittlerweile war es schon so finster, dass außer uns kein Mensch mehr unterwegs war. Ich trat auf einen Ast mitten auf dem Weg, und es knackte so laut, dass ich Angst hatte, dass es ganz Stuttgart hören könnte. Doch der Räuber war so in seine Flucht vertieft, dass er das Knacken nicht vernahm. Er verschwand plötzlich in einer kleinen Höhle. »Ist das nicht die Bärenhöhle?«, dachte ich. Ich wagte es nicht, ihm in die Höhle zu folgen, denn ich habe große Angst in dunklen, engen Räumen. Der Räuber kam in der Zwischenzeit mit einem großen Sack heraus, aus dem lila 500-Euro-Scheine hervorlugten. Jetzt wusste ich es ganz genau, das war der Beweis, er war der gesuchte Bankräuber! Ich zog mein Handy heraus und wählte die Notrufnummer. Doch da spürte ich einen kräftigen Schlag auf meinen Hinterkopf und es fing an zu bluten. Bewusstlos sank ich zu Boden.

Ich erwachte in einem weißen Bett und vernahm leise

Stimmen. Man hatte mich ins Olgäle gebracht. Neben meinem Bett stand ein Polizist in Uniform. Sofort war ich hellwach und wollte dem Polizisten alle meine Fragen stellen: »Wie haben Sie mich gefunden? War es wirklich der Bankräuber …?« Der Polizist erklärte mir: »Wir haben das Signal deines Handys zurückverfolgt, ja, es war wirklich der gesuchte Bankräuber vom Hölderlinplatz.« Da bemerkte ich auch meine Eltern und sah verlegen drein. Ich musste ihnen versprechen, dass ich nie wieder ohne einen Polizisten einen Bankräuber jagen wollte. Auch dem Polizisten musste ich etwas versprechen: dass ich mich nie wieder mit einem Bankräuber anlegen würde. Das fiel mir zwar schwer, aber ich versprach es ihm.

Paul-Theo Dreher (10), Königin-Olga-Stift

Der Schulzeitungsartikel

»Mensch, mir fällt absolut nichts ein«, maulte Nina. Sie saß zu Hause an ihrem Schreibtisch und machte Hausaufgaben. Einen Artikel für die Schülerzeitung über Stuttgart schreiben, so ein Schwachsinn. Nina seufzte. »Mama!«, rief sie. »Ich ruf Jenni an.« – »Ja, mein Schatz, mach das.« Wenige Minuten später stand Jennifer vor der Tür. »Was ist denn so Dringendes?« – »Ach, ich komm bei diesem blöden Artikel nicht weiter«, erklärte Nina. »Das ist doch ganz einfach«, antwortete Jenni. »Überleg mal, was gefällt dir an unserer Stadt Stuttgart?« – »Hmmm, ich denke, die Wilhelma.« – »Aha, und was noch?« – »Das Volksfest, das zweimal im Jahr ist, das Jugendhaus, die großen Fußballstadien, die Schlösser, zum Beispiel das Schloss Solitude. Außerdem ist da ja noch die Messe, na ja, ich denke mal, das war's.« – »Okay«, sagte Jenni, »und was gefällt dir nicht?« – »Also, mir gefällt nicht, dass es in einer reichen Stadt wie Stuttgart so wenige Obdachlosenheime, Kinderdörfer oder Altersheime und so viele Arbeitslose gibt. Außerdem könnte die Stadt Stuttgart vielleicht mal ein paar mehr Strände am Neckar eröffnen, die Stadt sollte tier- und umweltfreundlicher werden.« – »Sonst noch was?« – »Ja, vielleicht noch, dass ich finde, dass es hier in Stuttgart viel zu viele SWR-Gebäude gibt.« – »Also schön, ich denke, das reicht, und jetzt wählst du ein Thema und schreibst deinen ersten Artikel und gibst ihn Frau Johansson.« – »Vielen, vielen Dank, Jenni, du warst mir eine große Hilfe. Ich mach mich jetzt gleich ans Werk. Tschau, Jenni.«

In der Wilhelma
Ein Artikel von Nina Hartmann

Gestern war ich in der Wilhelma. Dort war vielleicht was los! Denn letzte Woche war ein kleiner Eisbär namens Wilbär geboren, und der durfte heute zum ersten Mal raus. Ich drängelte mich weit nach vorne und stand schließlich direkt vor der Glasscheibe des Geheges. »Wo ist er denn?«, fragte ich einen Wärter. »Na, da hinten«, sagte der und deutete auf den Eingang der Eisbärenhöhle. O ja, jetzt sah ich ihn. Ängstlich tastete er sich auf den Felsen nach draußen, und direkt dahinter, um ihren Sohn auch ja nicht aus den Augen zu verlieren, kam die Eisbärenmutter. Süß sah er aus. Winzig kleine Pfoten, eine kleine schwarze Stupsnase und ein noch kleineres weißes Stummelschwänzchen. Ich sah ihm noch eine Weile zu, wie er die Gegend erkundete, doch dann fand ich, dass ich mir die anderen Tiere auch noch ansehen sollte. Also ging ich weiter. Nach den Eisbären kamen die Mähnenwölfe. Ich fand sie so anmutig und wunderschön, dass ich bei ihnen wohl noch länger als bei Wilbär gestanden hätte, wenn sie nicht so gestunken hätten. Deswegen ging ich lieber weiter zu den Pavianen. O Mann, waren die witzig! Sie hatten gerade Futter bekommen, Bananen, Äpfel und Möhren. Ein

Pavian saß mir ganz nah. Plötzlich sprang er weg, holte sich eine Banane, schälte sie ... und warf die Schale dann in hohem Bogen auf meinen Kopf. Erst mal war ich völlig verdutzt. Dann begannen die Umstehenden zu lachen. Erst leise hinter vorgehaltener Hand, und als ich dann zu grinsen anfing, lachten sie ganz laut. Als sich alle wieder beruhigt hatten, streckte der Pavian mir seine Pfote zu. In seiner Hand lag ein Stück Apfel. Ich nahm es und gab ihm dafür die Bananenschale zurück, er schnappte sie sich und rannte laut kreischend davon. Es war ein schöner Tag in der Wilhelma, doch jetzt wurde es Zeit, nach Hause zu gehen. Die Wilhelma ist toll!

Als die Lehrerin Ninas Artikel las, meinte sie: »Nina, möchtest du vielleicht beim Schreibwettbewerb ›Stuttgart – tierisch gut?‹ mitmachen?« – »Aber klar, mach ich.« Und das tat Nina auch, und siehe da, sie gewann.

Rica Beyer (11), Zeppelin-Gymnasium

Stuttgart, die Stadt, in der ich lebe!

Stuttgart, der wilde Südwesten,
zeigt sich fast nur vom Besten.
Stuttgart ist Deutschlands kinderfreundlichste Stadt,
bei der man viel Freude hat.
Mit OB Schuster an der Spitze
wird regiert wie im Blitze.
Auch kommt die Kultur nicht zu kurz,
Museen und Theater gibt es allerorts.
Mit Schulen, Tagheimen und Kindergärten
gibt es viele Bildungsstätten.
Der Traum vom flotten Auto
ist hier bei der vielen Auswahl kein Manko.
Es gibt die vielfältigsten Vereine,
deshalb kennen die Stuttgarter Langeweile keine.
Doch Fußballfans nicht bange,
der Stadionumbau geht nicht mehr lange.
Und auf dem Neckar mit dem Schiffe fahren
lässt sich keiner zweimal sagen.
Auch für Schwimmer gibt es was,
denn in den vielen Bädern wird man richtig nass.
Es gibt die Wilhelma, einen großen Zoo,
darüber ist die ganze Familie froh.
Dort gibt es Pinguine, Mäuse und Affen,

Elefanten, Kamele und Giraffen.
In den Wäldern kann man toben
sowie wandern auf die Hügel nach oben.
Trotzdem gibt es Armut und Einsamkeit,
Konflikte und Gewalt.
Aber dann findet man in der Kirche seinen Halt.
Geht es einem mal richtig schlecht,
wird man in den Krankenhäusern gut versorgt, zu Recht.
Ob Frühling, Sommer, Herbst und Winter,
stets der pure Spaß für Kinder.
Ganz voran um die Osterzeit,
ist das Frühlingsfest nicht mehr weit.
Danach, wenn fast verwelkt der Klee,
kommt das Sommerfest um den Eckensee.
Anschließend zur Erntezeit grasen auf dem Wasen
die Volksfesthasen.
Und zu guter Letzt
werden die Menschen durch den Weihnachtsmarkt gehetzt.
So geht es Jahr für Jahr.
Stuttgart, du bist einfach wunderbar.

Patricia Ruckgaber (12),
Leibniz-Gymnasium Stuttgart-Feuerbach

Geheimnisvoller Spuk in der Villa Berg

Am Abend ging ich, Jenny Meyer, nach dem Essen in mein Zimmer. Mir war langweilig, also nahm ich mein Buch und las. Plötzlich hörte ich ein komisches Geräusch. Es kam von draußen. Ich lief zum Fenster, um nachzuschauen, und sah eine Gestalt an einem Fenster der Villa Berg, die direkt gegenüber unserem Haus im Rosensteinpark steht. Die Gestalt war etwas durchsichtig. Ich erschrak, als ich sah, dass sie mir zuwinkte. Ich schloss sofort den Vorhang und rannte zu meinem Bett, legte mich darauf und dachte nach. Wer war diese Gestalt? Normalerweise wohnte doch niemand in der Villa. War es ein Gespenst? Diese Fragen schwirrten mir eine ganze Zeit im Kopf herum, und dann beschloss ich, der Sache auf den Grund zu gehen.

Am nächsten Tag ging ich wie immer in die Schule. Aber ich konnte nicht klar denken, denn ich musste immer an den vergangenen Abend denken. Dann klingelte es zur Pause, und ich beschloss, alles meiner Freundin Leonie zu erzählen. Wir gingen nach draußen und dann erzählte ich. Sie wollte mir helfen. »Ich könnte doch heute bei dir übernachten und dann können wir dem Spuk ein Ende machen! Wir gehen einfach abends, wenn deine Eltern schlafen, in die Villa und besuchen das Gespenst!« – »Okay!« Dann klingelte es zur nächsten Stunde und wir gingen hinein. Die restlichen Stunden verliefen wie immer, und ich konnte auch klar mitdenken, denn jetzt half mir ja Leonie und ich hatte keine Angst mehr.

Am Nachmittag telefonierten wir noch einmal. Unsere Eltern hatten es uns erlaubt! Nachdem Leonie noch ein wenig über Gespenster recherchiert hatte, kam sie gleich zu mir. Wir bereiteten alles vor und packten Taschenlampen in unsere Jackentaschen. Leonie erzählte mir eine ganze Menge über Gespenster und wir schmiedeten einen Plan.

Als meine Eltern endlich schliefen, schlichen wir in den Flur, um unsere Jacken und Schuhe anzuziehen. Leise schlichen wir hinaus und durch den Rosensteinpark zur Villa. Wir öffneten die Tür. Innen war alles staubig. Wir brauchten unsere Taschenlampen nicht, denn es war hell genug. Wir gingen leise nach oben in den ersten Stock, damit uns das Gespenst nicht gleich entdeckte. Wir schlichen in ein Badezimmer, in dem es eine Badewanne gab, und ließen Wasser in die Wanne. Danach schlichen wir wieder nach unten und versteckten uns unter einem Sofa, das in der Eingangshalle stand. Auf einmal hörten wir ein Poltern und Lachen, das immer näher kam. Nach einer Weile konnte man es deutlich vom Nebenzimmer hören. Dann passierte es: Die weiße Gestalt flog durch die Tür zum Nebenzimmer und wollte gerade ins nächste Zimmer fliegen, als Leonie plötzlich unter dem Sofa hervorkam. Sie rief: »Hey, du Gespenst! Komm doch und fang mich!« Sie rannte los und lockte das Gespenst nach oben. Ich folgte ihnen mit etwas Abstand, damit mich das Gespenst nicht bemerkte. Leonie lief weiter bis ins Badezimmer. Dort stellte sie sich direkt vor die Badewanne. Kurz darauf kam ich auch im Badezimmer an. Leonie gab mir unauffällig ein Zeichen, das wir vorher ausgemacht hatten, und wich zur Seite. Ich schubste das Gespenst mit voller Wucht in die Badewanne und es zerfiel zu Staub. Ich ließ das Wasser aus der Wanne raus und wir gingen nach Hause. Oben in meinem Zimmer legten wir uns in unsere Betten und schliefen sofort ein. Jetzt hatten wir dem Spuk ein Ende gemacht!

Tanja Kiedaisch (11), Wagenburg-Gymnasium

Neuanfang in der Großstadt

Die Haustür fiel ins Schloss und das Auto der Familie Wong fuhr los. Linh würde ihr altes Dorf Ochsenhausen vermissen. Wie es wohl in Stuttgart wäre? Sie schaute nach draußen und sah ihre alten Freundinnen. Linh winkte ihnen traurig zu. In ihren Gedanken sah sie sich schon mit ihren Eltern und ihrem kleinen neunjährigen Bruder Ming in einem riesigen eingeengten Hochhaus neben einem Fabrikenviertel voller verpesteter Luft. Langsam sank ihr Kopf zur Seite und sie schlief ein.

»Aufwachen, Linh! Wir sind da!«, rief Ming aufgeregt. Verschlafen schaute seine Schwester sich um. Sie waren am Ziel. Es sah komplett anders aus, als sie es sich vorgestellt hatte. Im Stadtteil Bad Cannstatt, in ihrem neuen Zuhause, gab es einerseits altertümliche Fachwerkhäuser und andererseits moderne Gebäude. Während Papa das Auto in der neuen Tiefgarage parkte, begab sie sich mit Mama und Ming in ihr Hochhaus. Von außen sah es nicht besonders einladend aus. Aber als sie eintraten, glänzte es hier voller moderner Technik. Gemeinsam fuhren sie mit dem Aufzug in den 12. Stock hinauf und betraten aufgeregt die neue Wohnung. »Jeder Raum hat eine Fußbodenheizung und ist möbliert«, erklärte Mama. »Schau mal, Linh, da hinten ist dein Zimmer. Und deines ist gegenüber, Ming.« Gespannt öffnete Linh die Tür und war total hin und weg. »Wow!«, entfuhr es ihr. Im Gegensatz zu Ochsenhausen, wo sie ein Haus mit Garten hatten, war das Zimmer hier viel kleiner. Trotzdem fühlte Linh sich wohl. Durch die großen Fenster war es hell und gemütlich. Sogar einen Balkon mit herrlichem Ausblick auf den Neckar und die Weinberge gab es. Linh war überglücklich!

Noch in den Ferien nahm sich die Familie Wong vor, die Landeshauptstadt Stuttgart zu erkunden. Um nicht stundenlang nach einem teuren Parkplatz zu suchen, entschied Papa sich sofort, bequem mit der Straßenbahn zu fahren.

Am letzten Ferientag saß die Familie beim Essen und unterhielt sich über die Ausflüge. »Ich habe den Spaziergang im Schlossgarten in der schönen Natur sehr genossen. Das nächste Mal können wir das Planetarium dort besuchen«, meinte Mama. »Stimmt, aber das Porsche-Museum war für mich das absolute Highlight. Die Ausstellung über die Panameras fand ich spitze. Rund 80 Autos in diesem Museum. Beeindruckend!«, schwärmte Papa. »Die Ritter im Alten Schloss waren cool. Sie sahen so echt und lebendig aus. Oder die riesigen Kanonen. So etwas habe ich noch nie zuvor gesehen«, zählte Ming auf. Linh kicherte: »Lustig fand ich gestern auch unsere Panne mit der falschen Straßenbahn. 15 Minuten saßen wir drinnen und bekamen nichts mit. Kein Wunder bei diesem Durcheinander dort.«

Mit gemischten Gefühlen gingen alle ins Bett, denn morgen begann für Linh und Ming der erste Tag in der neuen Schule. Und auch Papa startete mit seiner neuen Arbeit als Elektriker bei EnBW.

»Piep, piep, piep!« Linh wurde durch das Klingeln

ihres Weckers wach. Eilig schlang sie ein Marmeladenbrot hinunter und machte sich schnell auf den Weg zur Bushaltestelle. »Tschüss und viel Glück«, rief Mama ihr hinterher. Da kam auch schon der Bus. »Himmel, hier ist aber was los«, dachte Linh. »Ming hat es gut. Seine Schule ist nur zehn Minuten von zu Hause entfernt. Er muss sich nicht in diese Menschenmenge quetschen.« Zwanzig Minuten später stand Linh auf dem Pausenhof des Johannes-Keppler-Gymnasiums. Gerade läutete es zum Unterricht. Sie lief in das Schulgebäude. »O Gott, wie soll ich denn hier in dieser riesigen Schule das Zimmer 104 finden?«, fragte sie sich. Überall rannten Schüler, sodass sie niemanden um Hilfe bitten konnte. Endlich, nach langem Herumirren stand sie vor der Tür der Klasse 6d. Zaghaft klopfte das Mädchen an und eine ältere Dame Mitte fünfzig öffnete ihr. »Du musst Linh Wong sein«, stellte sie fest. »Ich bin Frau Melsbach, deine Klassenlehrerin. Setz dich bitte da hinten neben Lisa«, ordnete sie an und deutete auf einen Tisch in der letzten Reihe. »Die Klasse ist aber groß«, dachte Linh. »Das ist eure neue Mitschülerin Linh«, erklärte Frau Melsbach den Schülern. »Hallo, Linh«, murmelten einige Kinder.

Die Pause war für Linh schrecklich. »He, Schlitzauge! Wo hast du denn diese Klamotten her? Aus der Altkleidersammlung? Total out. Geh wieder dahin zurück, wo du hergekommen bist!«, lästerte eine Gruppe aus ihrer Klasse. Alle lachten sie aus. Solche Gemeinheiten kannte Linh nicht. Sie wollte am liebsten im Erdboden versinken.

Wochenlang musste sie sich solche fiesen Anmerkungen

gefallen lassen. Linh wollte mit ihren Eltern über die Probleme in der Schule reden. Doch leider waren beide zu sehr mit ihrer Arbeit beschäftigt, denn Mama hatte jetzt einen Halbtagsjob. Also versuchte sie, sich nichts anmerken zu lassen.

Eines Tages war es besonders schlimm. Ein Junge aus ihrer Klasse zertrat ihr neues Handy. »Das Handy passt nicht zu dir, du bist viel zu unmodisch!«, lachte er. Heulend flüchtete Linh auf die Mädchentoilette. Plötzlich stand ein blondes Mädchen aus ihrer Klasse vor ihr. »Nicht einmal auf dem Klo ist man sicher vor ihnen«, dachte Linh. »Keine Angst. Ich bin Evelyn. Vorhin habe ich gesehen, was sie mit deinem Handy gemacht haben. Diese Diskriminierung muss aufhören!« Linh atmete erleichtert auf. »Ich finde das nicht okay, was sie da mit dir anstellen, nur weil du anders aussiehst.« Zusammen gingen die beiden zu Frau Melsbach und suchten bei ihr Hilfe. Durch viele Gespräche mit den Beteiligten ließ die Gruppe Linh bald in Ruhe. Mit der Zeit freundete sie sich mit Evelyn an und wurde von ihren Mitschülern akzeptiert.

Nun lebte Linh mit ihrer Familie seit einem halben Jahr in Stuttgart. Papa bekam von seiner Firma ein besseres Einkommen und Mama war sehr glücklich mit ihrem Halbtagsjob. Ming hatte viele Freunde gefunden und Linh war mit Evelyn unzertrennlich geworden. Sie kannte noch längst nicht alles in Stuttgart, aber sie hatte ja alle Zeit.

**Mandy Quach (12),
Ferdinand-Porsche-Gymnasium Zuffenhausen**

Rund um den Eckensee

Eingehüllt in Eis und Schnee,
erblicke ich den Eckensee.
Im Herbst noch herrschte reges Treiben.
Und nun jenes allmählich wiederkehrende,
    winterliche Schweigen.
Schwarz-weiß gefiedert, silbergrau, aufrechter Gang.
So zierten ihn im Herbst noch die stolzen Graugänse
mit ihrem eindringlichen Klang.
Stets in geselliger Runde in trauter Einigkeit.
Bei ihnen entfällt jeder Klassenrat mit mancher
    Streitigkeit.
Doch welch lautes Schreien drang mir
vor dem Schauspielhaus ins Ohr?
Zwei Papageien im grünen Federkleid sangen
in den Wipfeln der Bäume im Chor.
Sie ließen manchen Passanten verweilen,
um ihr Theaterstück mitzuteilen.
Nun ist die Landschaft in ihr Winterkleid gehüllt.
Doch was mich mit besonderer Freude erfüllt:
Der Hase mit seinem hellbraunen Fell
spitzt seine langen Ohren und hoppelt an mir
vorbei – ganz schnell!

          Lorenz Reuter (10), Königin-Katharina-Stift

Stuttgarts aufregendster Aufzug

Bevor ich und meine Freundinnen mit unserem Dienstag-Mittagspausen-Ritual beginnen, kaufen wir uns meistens ein Leberkäsbrötchen oder eine Pizza. Unser Dienstag-Mittagspausen-Ritual ist »Paternosterfahren« im Stuttgarter Rathaus. Für alle, die nicht wissen, was ein Paternoster ist: Der Paternoster ist ein Aufzug, der keine Türen hat und die ganze Zeit fährt.

Das erste Mal hatte ich ein wenig Angst, in den Paternoster einzusteigen, denn dieser, habe ich mir gedacht, könnte ja steckenbleiben, doch nachdem ich eingestiegen war, hatte ich total viel Spaß dabei. Das erste Mal dachte ich, die Angestellten im Rathaus würden mit uns schimpfen, wenn wir uns dort die halbe Mittagspause aufhielten. Doch ich habe mit der Zeit bemerkt, dass die Leute nichts dagegen haben, dass wir dort ein paar Runden fahren. Meistens reden und essen wir dort (keine Ahnung, ob es erlaubt ist, aber wir haben bisher keinen Ärger bekommen) und fahren ununterbrochen durch von ganz unten bis ganz oben.

Einmal erzählte ich meiner Freundin, dass ich mal aus Versehen das Brett bei einem Ausstieg angehoben hatte. Meine Freundin wollte dies unbedingt selbst ausprobieren, hob leicht das Brett an – und der Aufzug blieb stecken. Zum ersten Mal hatte ich miterlebt, wie es ist, wenn der Paternoster steckenbleibt.

Außerdem hätte sich eine Freundin einmal fast die Hand beim Zahnrad eingeklemmt, unten, wenn man durchfährt. Man darf, glaube ich, eigentlich nicht unten und oben durchfahren. Aber ohne das wäre Paternosterfahren nicht halb so lustig. Aus diesem Grund möchte ich nirgendwo anders wohnen als in Stuttgart, denn ich kann mir nicht vorstellen, dass es in einer anderen Stadt einen so aufregenden Paternoster im Rathaus gibt.

Sophie Stamer (12), Mädchengymnasium St. Agnes

Es tut mir so leid

Als ich heute Morgen aufwachte, sah ich als Erstes die dicken, eisernen Gitterstäbe, und dahinter stand der große Mann mit der Glatze, der mir immer mein Futter bringt. Er ist immer sehr nett zu mir, und manchmal habe ich das Gefühl, er versteht mich. Aber wenn ich zu wild bin, schimpft er und das Gefühl verschwindet wieder. Nachdem er dann auch die anderen Tiger gefüttert hat, kommen auch schon die, die mich immer so blöd angaffen. Und weil ich das nicht mag, gaffe ich zurück. Manche fangen an zu lachen, manche kreischen und kleine Kinder weinen oft. Das tut mir immer total leid, denn das will ich doch gar nicht. Ich schaue doch nur so böse, weil mich die anderen so doof anschauen. Ich versuche dann, sie zu beruhigen, indem ich näher ans Gitter rangehe und sie ganz lieb anschaue, aber irgendwie funktioniert das nicht. Sie weinen eher noch mehr. Dabei bin ich doch kein Monster!

Am meisten aber regt es mich auf, wenn die Kinder an die Scheibe klopfen, die einen Teil des Geheges abgrenzt. Das stört mich. Ich werde ganz nervös und verängstigt. Wenn es mir zu weit geht, dann fauche ich, und die Mütter schauen mich ganz böse an, weil es jetzt ihre Aufgabe ist, die weinenden Kinder zu beruhigen. Dabei verteidige ich mich doch nur!

Gegen Mittag ist meist sehr viel Betrieb, auch heute. Weil es so warm ist, döse ich ein bisschen im Schatten. Meine Tigerfreundin – der Mann mit der Glatze nennt sie Elphaba – kommt zu mir und stupst mich mit der Nase an. Ich will jetzt aber nicht spielen. Ich bin eingesperrt und deshalb bin ich verdammt noch mal beleidigt. Und wenn ich beleidigt bin, will ich halt nicht spielen. Irgendwann lass ich mich dann doch auf ein kleines Fangspiel ein. Wir kämpfen ein bisschen zum Spaß, aber auch das wird mit der Zeit langweilig.

Als eine Gruppe von Kindern meine Aufmerksamkeit erregt, ist das Spiel endgültig aus. Alle reden wild durcheinander und sind kaum zu beruhigen, auch nicht von den drei Frauen, die dabei sind, vermutlich Erzieherinnen. Die Kinder klopfen an die Scheibe und schreien rum. Nur ein kleiner Junge steht ganz still an den Gitterstäben und schaut mir aufmerksam in die Augen, dann sagt er mit ruhiger Stimme: »Hallo, kleiner Tiger, wie geht es dir? Manchmal glaube ich, dass du dich sehr einsam fühlen musst. Wenn ich mir vorstelle, dass man mich einsperren würde, das wäre ja schrecklich. Weißt du, ich bin gerade auch ganz arg einsam, weil ich mich mit dem Paul zerstritten habe, weil ich aus Versehen seine neue Lego-Polizeistation kaputtgemacht habe. Dabei wollte ich das doch gar nicht. Paul ist mein bester Freund und jetzt hat er mich nicht zu seinem Geburtstag eingeladen. Ich weiß nicht, wie ich das wiedergutmachen soll. Ich habe nämlich ein bisschen Angst, dass er meine Entschuldigung nicht annimmt.«

Da habe ich auf einmal Tränen in meinen Tigeraugen, und ich will dem kleinen Jungen irgendwie helfen und versuche es mit Gedankenübertragung: Du musst dich entschuldigen. Wer nicht wagt, der nicht gewinnt. Also los, Kleiner. Das schaffst du.

In diesem Moment schaut mich der Junge mit großen Augen an: »Du hast recht, kleiner Tiger! Danke.« Und schon ist er weg. Ich sehe nur noch, wie er zu einem blonden Jungen rennt und mit ihm redet. Dann nimmt der andere Junge ihn in den Arm und sie müssen auch schon weiter.

Abends sitze ich unter einem kleinen Felsvorsprung in meinem Gehege und denke noch mal über den Tag nach. Der kleine Junge hat in mir etwas bewegt. Bevor ich erschöpft einschlafe, frage ich mich, ob der Junge jetzt doch noch zu Pauls Geburtstag geht. Bestimmt, denke ich. Doch da fällt mir ein, dass ich mich dringend bei meinem Tigerfreund Galileo entschuldigen muss. Ich habe ihm gestern nämlich das Fleisch weggefressen, als er noch nicht da war. Ich hatte einfach so Hunger. Aber trotzdem tut es mir leid. Also geh ich zu ihm hin und entschuldige mich. Er freut sich und so kann ich mit gutem Gewissen einschlafen.

Marlene Arndt (12), Otto-Hahn-Gymnasium Ludwigsburg

Stromausfall!

An einem späten Sonntagnachmittag im Advent wollte ich den Weihnachtsmarkt am Rathaus besuchen. Also fuhr ich mit der Stadtbahnlinie U4 von der Haltestelle Schwab-/Bebelstraße Richtung Rathaus. Plötzlich blieb die Stadtbahn zwischen den Haltestellen Stadtmitte und Rathaus stehen und auf einen Schlag war es stockfinster. Stromausfall! Der Stadtbahnführer hatte zum Glück eine Taschenlampe dabei. Zuerst beruhigte er die aufgeregten Fahrgäste und danach öffnete er mit der Hand die Türen und führte mich und alle Mitfahrer sicher zur Haltestelle Rathaus.

Auf dem Bahnsteig war es auch dunkel. Ich stieg die stehengebliebene Rolltreppe hinauf. Oben sah ich, dass die gesamte Innenstadt von dem Stromausfall betroffen war. Alle Lichter in den Häusern und die Straßenlaternen waren aus. Ich beschloss daher, nach Hause zu gehen. Auf dem Marktplatz vor dem Rathaus, wo der Weihnachtsmarkt stattfand, lag alles im Dunkeln. Es herrschte große Aufregung, weil es ja kein Licht mehr gab. Alle Besucher drängten nach Hause, und die Verkäufer waren schwer bemüht, ihre Weihnachtsstände in der Dunkelheit abzuschließen oder irgendwie Licht zu machen. Auch bei der nahe gelegenen Stiftskirche war es finster. Ich lief weiter zur Königstraße, wo ich ganz erstaunt war, dass es hier ziemlich hell war. Viele Menschen hatten Kerzen und Taschenlampen oder leuchteten mit ihren Handys. Die Geschäfte waren geschlossen, da die Kassen und die Sicherheitsvorrichtungen nicht funktionierten.

Am Ende der Königstraße bog ich am Wilhelmsbau nach rechts ab und sah kurz in die entgegengesetzte Richtung zum Tagblattturm, der auch im Dunkeln lag und über dem der Mond aufgegangen war. Im Mondlicht konnte man besser sehen.

Deshalb rannte ich nun zum Rotebühlplatz und flitzte zum Königin-Olga-Stift, vorbei am Feuersee und der Johanneskirche.

Dort blieb ich kurz stehen und sah zum Mond hinauf, der den Fernsehturm als Schatten wirken ließ.

Schnell lief ich nach Hause zur Schwabstraße 60, wo ich keuchend stoppte und die Haustüre aufschloss. Gerade überlegte ich noch, ob wir genug Kerzen und Batterien für die Taschenlampen zu Hause hatten, als das Licht im Treppenhaus, o Wunder, wieder anging.

Am nächsten Tag stand in der Stuttgarter Zeitung: Stromausfall! In dem Artikel hieß es, dass es in einem Umspannwerk einen Kurzschluss gegeben hat, sodass es zu dem Stromausfall gekommen war.

Sven Schenk (10), Königin-Olga-Stift

Stuttgart, Hilfe bitte

Stuttgart, ich kann den Müll nicht mehr sehen.
Die Obdachlosen auf der Straße, ich kann sie nicht
   mehr sehen.
Du tust so, als ob hier nix passiert.

Stuttgart, Hilfe bitte.
Stuttgart, dieser Dreck.
Stuttgart, Hilfe bitte.
Stuttgart, du machst nix.

Du redest nur, aber machst nix.
Du redest über Elektroautos, aber du machst nix.
Stuttgart, du bist nicht cool.

Stuttgart, Hilfe bitte.
Stuttgart, dieser Dreck.
Stuttgart, Hilfe bitte.
Stuttgart, du machst nix.

Alexios Edelkott (12), Schule für Körperbehinderte

Walpurgisnacht auf
dem Hasenspielplatz

Ich wohne mitten in Stuttgart-West und der Hasenspielplatz liegt gleich hinter unserem Haus, im Hinterhof. Er ist so groß wie ein halbes Fußballfeld. Dort gibt es hohe Kletterbäume, eine Wasserpumpe und einen riesigen Sandkasten mit zwei Rutschen. Es gibt auch eine Schaukel, die über drei Meter hoch ist. Der Hasenspielplatz heißt so, weil es dort seit über 20 Jahren Hasen gibt. Die Hasen gehören Kindern aus der Nachbarschaft und haben einen Auslauf um die Ställe herum. Wir haben auch noch vier Hühner auf dem Hasenspieli, die laufen mit den Hasen im Freilauf herum. Manchmal hoppeln auch meine Zwergkaninchen auf dem Hinterhof herum. Sie finden immer den Weg zurück in unseren Garten.

Jedes Jahr gibt es Feste auf dem Hinterhof: das große Sommerfest, die Walpurgisnacht und ein Herbstfest mit Flohmarkt.

Mein Lieblingsfest ist die Walpurgisnacht. Die ist immer am 30. April. Zuerst wird ein Loch gegraben für das Feuer und die Kinder sammeln Steine für den Ring um die Feuerstelle. Dann wird der Grill vom Hinterhofverein angemacht und es gibt Würstchen und Fleisch, dazu andere leckere Sachen, die jeder selbst mitgebracht hat. Wir stellen Tische und Bänke auf und essen zusammen. Nach dem Abendessen können die Kinder spielen, Fangen oder Verstecken, und manchmal bilden wir zwei Gruppen und jede Gruppe kriegt ein Walkie-Talkie. Damit ziehen wir um den Block.

In dieser Zeit bauen die Erwachsenen einen Filmprojektor am Kletterhäuschen und die Leinwand an der hohen Schaukel auf. Es gibt immer zwei Filme: einen für kleinere und einen für größere Kinder. Wir sitzen dann auf einer langen Bank und auf Decken im Kies. Manche Kinder sitzen auch auf dem Dach vom Kletterhäuschen. Dieses Jahr sahen wir den Film »Jenseits der Stille«.

Während die Kinder die Filme schauen, schichten die Erwachsenen Holz für das Feuer auf. Der Stapel ist jeweils größer als ich. Nach den Filmen wird das Feuer angezündet. Meistens wird auch ein alter Tannenbaum verbrannt. Das knistert ziemlich laut und kleine Funken sprühen weg. Wir stehen alle um das Feuer herum. Früher, als kleines Kind, hatte ich auch mal Angst vor dem großen Feuer. Wenn das Feuer kleiner geworden ist, springen die größeren Kinder und manchmal auch Erwachsene über die Flammen. Das finde ich ziemlich mutig. Letztes Jahr bin ich auch gesprungen. Das hat mir sehr Spaß gemacht.

In der Walpurgisnacht dürfen wir immer sehr lange draußen bleiben und gehen erst spät ins Bett. Die Walpurgisnacht ist toll!

Emma Heil (10), Königin-Olga-Stift

Gebäude in Not

Es war ein Samstagmorgen. Familie Schulze begann gerade zu frühstücken. Ihre kleine Wohnung lag direkt in der Stuttgarter Innenstadt. Es war Weihnachtszeit, der Weihnachtsmarkt öffnete, und Familie Schulze beriet sich, was sie nach dem Frühstück unternehmen wollte. Sie beschlossen, ein wenig über den Weihnachtsmarkt zu schlendern. In dicke Mäntel verpackt verließen sie etwas später die Wohnung und begannen ihren Rundgang.

Als sie eine Weile durch die engen Gassen gewandert waren, hörte der elfjährige Max plötzlich ein tiefes stimmenähnliches Geräusch. Es hörte sich an, wie wenn jemand lautstark murmeln würde. Niemand außer ihm schien das Geräusch zu hören und er dachte sich: »Ich kann doch kurz gucken, was da los ist.« Gedacht, getan. Max ging der Geräuschquelle hinterher und kam zum alten Schloss. Er traute seinen Augen nicht. Neben dem Schloss stand der Fernsehturm!! Er schien dem Schloss etwas zu sagen. Mit zittriger Stimme fragte Max: »Äähm … Fernsehturm, was machst du hier unten in Stuttgart?« Darauf der Turm genervt: »Ich muss mit dem Schloss reden!« Max versuchte so zu tun, als wäre es selbstverständlich, dass Türme oder andere Gebäude sprechen können. Aber es gelang ihm nicht, und es rutschte ihm raus: »Warum kannst du sprechen und wie kommst du hierher?« – »Alle Gebäude können sprechen, laufen ... halt alles, was ihr Menschen auch könnt. Nur sind die Menschen immer so sehr mit sich selber beschäftigt, dass sie es nicht merken«, sagte der Turm. Max fragte den Turm: »Aber warum bist du hier?« Das Schloss antwortete: »Der Turm möchte gerne etwas unternehmen, damit mehr Leute ihn besuchen kommen. Aber wir wissen nicht, was.«

In diesem Moment rief die Mutter von Max: »Max, wo steckst du, wir müssen gehen!« Max rief dem Turm und dem Schloss noch zu: »Heute Abend um acht Uhr treffen wir uns hier. Sagt allen wichtigen Gebäuden der Stadt, sie sollen kommen.« Dann verschwand er in der Menschenmenge.

Punkt acht Uhr trafen sich alle an dem ausgemachten Ort und berieten sich bis tief in die Nacht. Dann hatte Max plötzlich eine Idee: »Wie wäre es, wenn man eine Seilbahn vom Schlossplatz bis zum Fernsehturm bauen würde? Dann könnten alle Besucher auf dem direkten Weg einen Abstecher zum Fernsehturm machen.« Die Idee wurde mit tosendem Beifall angenommen, und irgendwie schaffte es Max, dass die Seilbahn gebaut wurde. Von da an konnte sich der Fernsehturm vor Besuchern kaum retten und die Menschen konnten den schönen Ausblick vom Fernsehturm genießen. Max war und ist bis jetzt übrigens der einzige Mensch, der die Gebäude verstehen und mit ihnen reden kann.

Nina Schwarze (10), Fanny-Leicht-Gymnasium Vaihingen

Kommt doch vorbei!

Wollt ihr mal nach Stuttgart gehen,
da könnt ihr viele Dinge sehen.

Es gibt ein Haus, das man Theater nennt,
wo ein Schauspieler über die Bühne rennt.
Da drin gibt's aber auch Sänger,
die stehen dann eher länger.

Hier spielt auch der VFB,
ich glaub, dem tun grad die Füße weh.
Sie machen fast gar keine Treffer,
das wird bestimmt wieder besser.

Wenn die Jungen Fußball sehen,
können die Mädchen shoppen gehen.
Königstraße auf und ab –
nicht lang, schon ist die Kasse knapp.

In der Wilhelma sind viele Tiere zuhaus,
vom großen Löwen bis zur kleinen Maus.
Hier ist auch ein Streichelzoo.
Streichel die Tiere, dann sind sie froh!

Für Naturfreunde ist der Park sehr schön,
grün und wunderbar anzusehn.
Beim Museum gibt es ein Gerüst,
das ihr unbedingt besteigen müsst.

Schön ist in Stuttgart vielerlei,
wenn's euch gefällt, kommt doch vorbei!

**Johanna Rank (12),
Goethe-Gymnasium Ludwigsburg**

Stuttgart 21?

Eine Stadt, die jeder kennt,
die sich schönes Stuttgart nennt.
Doch diese Stadt wird langsam ranzig,
das kommt von Stuttgart 21.
Anstatt die Schulen zu erneuern,
verbraten die lieber unsere Steuern,
indem sie auf die Pauke hauen
und Stuttgart 21 bauen.
Unsere Stadt kriegt ein graues Gesicht,
doch die wichtigen Leute kümmert das nicht.
Turnhallen zerbröseln, die Wege sind schlecht,
doch die Politiker meinen, sie hätten recht.
Kinderfreundlich wollen sie sein,
aber die Spielplätze sind ganz klein.
Die Schulwege sind mit Autos versperrt,
»das ist normal«, Schuster erklärt.
Die Familycard wird aufgelöst,
die Fahrradprüfung abgelöst.
Das alles nur, weil wir die Milliarden vergraben
und den teuren Bahnhof haben.

Jonathan Maisenbacher (12),
Evangelisches Heidehof-Gymnasium

Liebe in Stuttgart

»Ist das ätzend! Immer ich, dabei habe ich überhaupt keine Lust! Warum nicht mein doofer Kollege Professor Clown? Ich hasse Stuttgart!«, maulte Professor Cool, der wegen einer geschäftlichen Angelegenheit in die Stadt Stuttgart musste. Er saß gerade im Flugzeug von Berlin nach Stuttgart. »Auch noch im Sommer!«, schimpfte er.

»Liebe Gäste, wir werden in Kürze ankommen!«, meldete die Flugbegleiterin. Professor Cool stöhnte auf. Er hatte wirklich keine Lust! Als er aus dem Fenster sah, konnte er ganz Stuttgart sehen: den Fernsehturm, die Wilhelma, die Schlösser und noch vieles mehr. Das Flugzeug steuerte den Stuttgarter Flughafen an und Professor Cool packte seine Sachen. Kurz darauf stand er am Kofferband und wartete auf seinen Koffer. »Das dauert ja ewig! Typisch Stuttgart!«, meckerte er.

»Was ist denn mit Ihnen los?«, fragte eine nett aussehende Frau. Sie war etwa in Professor Cools Alter und er fand sie ziemlich heiß. Er antwortete stotternd: »I-ich bin P-Professor C-Cool.« – »Freut mich, Sie kennen zu lernen, Professor Cool!«, sagte die Frau. Professor Cool fand sie perfekt als neue Frau (auch wenn er sich mal wieder peinlich anstellte), denn seine hatte sich vor zwei Jahren von ihm getrennt. Die Frau hier ließ aber nicht locker und fragte ihn lächelnd: »Und was ist Ihr Problem?« – »Ich bin geschäftlich in Stuttgart, dabei hasse ich diese Stadt!« Professor Cool war erstaunt über sich selbst. Nämlich, weil er vor dieser tollen Frau einen Satz, ohne auch nur einmal zu stottern, herausbekommen hatte! »Und wer sind Sie?«, fragte er neugierig. »Ich bin Annette Borst!«, antwortete sie, »aber nennen Sie mich einfach Anne!« – »Ähm ... Sie können mich Karl nennen!«, sagte Professor Cool verlegen. Anne fragte neugierig: »Und wo werden Sie wohnen?« – »In der Oswalt-Hesse-Straße 137.« – »Was für ein Zufall! Da wohne ich auch!«, rief Anne erfreut. »Soll ich Sie mitnehmen?« – »Gerne!«, rief Karl. Er schnappte sich seinen Koffer und sie zogen gemeinsam los zum Auto. Auf der Nachhausefahrt fragte Anne: »Hätten Sie was dagegen, wenn wir uns duzen würden?« Karl antwortete: »Nein, natürlich nicht!« Offenbar fand Anne ihn genauso interessant wie er sie! Nach einer halben Stunde kamen sie an. Sie verabschiedeten sich und gingen in ihre Wohnungen. Karl lag noch lange wach und fragte sich: »Vielleicht ist Stuttgart doch nicht so schlimm?« Doch das würde er nie zugeben. Dann schlief er ein.

Am nächsten Tag (Karl hatte sich gerade fertig gemacht) klingelte es an der Tür, und es war Anne, die ihn aufforderte, mit ihr ein paar Sehenswürdigkeiten von Stuttgart zu besuchen. Widerwillig sagte Karl zu. Und sie fuhren los. Erste Station war der Fernsehturm. Dann kamen das alte und das neue Schloss und Stuttgart-Innenstadt. Jedes Mal, wenn Anne Karl fragte: »Und, wie gefällt es dir?«, sagte Karl nur: »Hmm.« In Wirklichkeit gefiel es ihm doch ganz gut. Sie waren gerade auf dem Weg zur Wilhelma, als Anne mutig sagte: »Ich liebe dich!« Karl antwortete erfreut: »Ich liebe dich auch!« Und dann küssten sie sich, und nach einer Weile merkte Anne, dass das Auto mitten auf der Straße stand, und hinter ihnen hupten die Autos. Sie fuhren schnell weiter.

Sie liefen gemütlich durch die Wilhelma, als Karl es nicht mehr aushielt und rief: »Okay, in Stuttgart ist es toll! Ich geb's ja zu!« Alle Leute starrten ihn an und warfen ihm neugierige Blicke zu, aber das war Karl egal, er bekam es nicht mal mit, denn Anne hatte ihn in die Arme genommen. »Toll, toll, toll!«, rief sie. Sie sahen sich noch anderes an und gaben allen Obdachlosen, die sie sahen, Geld. Die Obdachlosen taten ihnen leid. Nach einer Weile gingen sie mit Eistüten in der Hand nach Hause und sahen sich einen Film an. »Das war der beste Tag in meinem Leben!«, meinte Karl. »Meiner auch!«, sagte Anne. Nach einer Weile schliefen sie ein und hatten die schönsten Träume. Sie schworen sich, für immer zusammen und in Stuttgart zu leben, bis der Tod sie scheide.

Fünf Jahre später saßen sie mit ihrem Baby Sandra auf dem Sofa, und Karl telefonierte mit seinem Chef, der ihm erlaubte, in Stuttgart zu bleiben. »Gagaguga!«, rief Sandra und sie begannen alle zu lachen.

Alissa Maragos (11), Neues Gymnasium Feuerbach

Die Wilhelma

Wir waren mit meiner Klasse in der Wilhelma.
Wir sind mit der Bahn gefahren und dann waren wir endlich da.
Und haben ganz verschiedene Tiere angeschaut.
Wir haben die Pinguine angeschaut. Die waren lustig, wie sie liefen.
Und danach haben wir die Seehunde gesehen. Die Seehunde waren ganz toll. Die haben ganz tolle Tricks gemacht. Die waren ganz süß. Die haben die Fische gefangen.
Wir waren auch bei den Schmetterlingen. Die Schmetterlinge haben Regenbogenfarben.
Wir waren auch noch bei den Eulen. Die haben ganz viele Geräusche gemacht.
Danach waren wir bei den Krokodilen. Da hab ich mich gewundert, warum das Krokodil sich nicht bewegt hat.
Danach sind wir nach Hause gegangen. Der Tag war schön.

Berfin Eroglu (11), Schule für Körperbehinderte

Stuttgart – oifach schöö!

Anne ist überrascht, als die Lehrerin donnerstags im Unterricht sagt, dass die Klasse an einem Geschichtenwettbewerb über Stuttgart teilnehmen soll.

Zunächst dachte sie für sich: »Ist doch ganz einfach, etwas über Stuttgart zusammenzuschreiben.«

Das darauffolgende Wochenende verging, und erst am Sonntag dachte sie, sie müsse jetzt endlich ran. Nun überlegte sie angestrengt, was sie über Stuttgart schreiben könnte. Etwas zur Wilhelma? Kennt doch schon jeder! Auch Löwentor- und Rosensteinmuseum mit den tollen Tieren sind allseits bekannt. Außerdem wird wohl jeder darüber schreiben. Anne kommt auf die Idee, die Familie nach Vorschlägen zu fragen.

Ihre Mutter war gerade in der Küche beschäftigt, als Anne fragte: »Mama, was findest du an Stuttgart gut?« Die Mama schaute sie an und sagte überzeugend: »Das ist doch wohl klar, das Beste an Stuttgart ist, dass man hier richtig gut shoppen gehen kann, fast noch besser als in Berlin oder sonst wo.«

Anne gefiel die Antwort nicht so besonders und sie stellte die gleiche Frage ihrem Vater. Nachdenklich antwortete er: »Ich bin wegen des Jobs nach Stuttgart gezogen, und jetzt ist es unsere Heimat geworden.«

Der Vollständigkeit halber fragte Anne noch ihren kleinen Bruder Clemens, sieben Jahre. Seine Antwort fiel ebenfalls kurz aus: »Stuttgart ist toll, weil meine Schule toll ist und die Krankenbrüder im Olgäle so nett sind. Das Beste ist aber das Porsche- und Daimlermuseum.« Nachdem Anne alle Antworten beisammenhatte, fragte sie sich nun selbst, was an Stuttgart besonders sei. Plötzlich erinnerte sie sich an ihr T-Shirt mit der Aufschrift »I love Stuttgart« und wie gern sie es letzten Sommer in Hamburg getragen hat. Alle sollten sehen, dass sie eine Stuttgarterin ist, die stolz auf ihre Stadt ist.

Weiter dachte Anne: »Ist doch wohl klar, warum. Hier gibt es nicht nur die Kulturmeile und Ballett. Stuttgart ist eine grüne Stadt, in der viele Denker und Schriftsteller lebten.« Sie erinnerte sich an Königin Katharina, die so viel Gutes für die Stadt getan hatte.

Schließlich dachte Anne, wie schön sie es auf dem Marktplatz gefunden hatte, als Angela Merkel in Stuttgart ihre Wahlrede hielt. Stuttgart muss etwas Besonderes sein, wenn bedeutende Menschen nach Stuttgart kommen.

»Geschafft, mein Aufsatz über Stuttgart«, sagte Anne zu sich selbst.

Und bevor ich jetzt den Tannenbaum schmücke, möchte ich noch schreiben: »Es ist oifach schöö hier.«

Luise Behring (9), Königin-Katharina-Stift

Der treue VFB-Fan

Das tierische Gedicht,
ich bin nur ein kleiner Wicht.
Doch in Stuttgart hab ich viel erlebt,
so viel, dass die Erde bebt.

Stuttgart ist die Stadt,
die die großen Autos hat,
und plötzlich hing ein schicker Wagen
an dem großen Abschlepphaken.

Als der Mann kam aus der Bar
und den Porsche nicht mehr sah,
schrie er: »So 'ne Sauerei!«,
und rief sofort die Polizei.

Dabei stellte sich heraus,
falsch geparkt, das hat der Klaus.
Er meinte nur ganz leise
zum Polizist: »Du hast 'ne Meise!«

Der Klaus schaut verzweifelt auf die Uhr
und denkt, was mach ich nur?
Um drei muss ich im Stadion sein,
weil der VFB hat ein Spiel daheim.

Da fiel ihm ein, er nimmt die Bahn,
obwohl er öffentlich noch nie gefahrn.
Drum weiß er nicht, wo er muss hin,
und fragt noch die Verkäuferin.

Die Bahn kam an, er stieg hinein,
und freute sich, bald im Stadion zu sein.
Die Bahnfahrt, die ging schnell vorbei,
es kam ihm vor wie Zauberei.

Wärn die andern nicht ausgestiegen,
wär er fast im Zug geblieben.
Und er dachte so bei sich,
die Bahn ist gar nicht fürchterlich.

Glücklich ging er zum Spiel,
denn Stuttgart hat zu bieten viel.
Und abends ging er dann zu Bett
und fand Stuttgart richtig nett.

Leopold Schmid (11), Königin-Olga-Stift

Ein glücklicher Obdachloser

Ein Obdachloser namens Edward wohnte zusammen mit seinem Hund Flip unter einer Brücke in Stuttgart, ganz in der Nähe der Königstraße. Edward liebte Tiere über alles. Er wollte schon als kleines Kind in einem Zoo arbeiten oder etwas mit Tieren zu tun haben.

Edward ist ein wirklich sehr lieber Mann und er ist 40 Jahre alt. Fast jeden Tag geht er mit seinem Hund Flip auf die Königstraße und bettelt um Geld. Viel verdient er dabei nicht, aber genug, um sich jeden zweiten Tag eine Brezel zu kaufen. Den Rest gibt er für seinen Hund aus, der sein Ein und Alles ist. Oft geht er abends sehr hungrig schlafen unter seiner Brücke!!!

Am 18. Dezember ging er mit seinem Hund Flip wie immer auf die Königstraße und bettelte um Almosen. Dabei dachte er: »Ich wäre so gerne wie die anderen, wie sie lachen und sich mit Freunden treffen oder wie sie an Heiligabend zusammensitzen und viele Geschenke auspacken. Aber ich … ich bin alleine mit meinem Hund!«

Seine Gedanken wurden unterbrochen, als plötzlich ein paar Centstücke in seinen Hut purzelten. Am Abend um 18 Uhr machte er sich auf den Weg nach Hause.

Plötzlich sah er etwas Schwarzes vor sich auf dem Boden liegen. Edward hob das »Etwas« auf und war im

Glück ... Es war ein Geldbeutel!!! Schnell schaute er sich um und steckte ihn in seine zerfetzte Hosentasche. In Windeseile lief Edward mit seinem Hund an seinen kalten Schlafplatz zurück. Dort holte er den Fund aus seiner Hosentasche und begutachtete ihn. In dem Geldbeutel befanden sich eine Menge Geld und viele Karten. Edward dachte: »Lieber Gott, danke! Endlich bin ich reich!!« Er schaute noch einmal den Geldbeutel durch. Er fand auch einen Personalausweis darin. Dort stand die Adresse und ein Name darauf: Gartenstraße 19, 70342 Stuttgart. Name: Friedrich Wilhelm. Auf einmal bekam er ein schlechtes Gewissen: »Ich weiß nicht, soll ich ihn behalten oder nicht? Ich schlafe noch einmal darüber.«

Am nächsten Morgen wachte er auf. Ihm war ganz kalt, denn diese Nacht hatte es geschneit. Doch dann fiel ihm gleich wieder der Geldbeutel ein. Er beschloss, ihn trotz aller Geldnot zurückzugeben, denn ihn zu behalten wäre unfair gegenüber dem Besitzer. Flip bellte. So beschloss er schweren Herzens, sein gefundenes Glück zurückzugeben. Langsam machte er sich auf den Weg und suchte die Straße, in der der Mann wohnte. Er lief an vielen großen und kleinen Häusern vorbei.

Endlich hatte er die Straße gefunden und stand vor einem wunderschönen großen Haus mit großen Fenstern. Dort klingelte er bei »Wilhelm«. »Hallo«, meldete sich ein Mann über die Sprechanlage. Daraufhin antwortete Edward: »Hallo, ich habe Ihren Geldbeutel gefunden und wollte ihn zurückbringen.« – »Ich komme runter«, antwortete der Mann freundlich.

Kurz danach öffnete sich die Tür und es kam ein sehr gut gekleideter Mann heraus. Der Mann sah leicht erschrocken aus, als er den Penner sah. Edward war sein Aussehen peinlich, und einmal mehr wünschte er sich, ein »normaler« Mensch zu sein. Schnell sagte er: »Ich wollte Ihren Geldbeutel abgeben, den ich auf der Königstraße gefunden habe.« Der Mann an der Tür fing an zu lächeln. »Vielen, vielen Dank! Ich habe ihn schon überall gesucht und nirgends gefunden, endlich habe ich ihn wieder! Wie kann ich Ihnen nur dafür danken?« Edward dachte: »Ein normales Leben und Arbeit, das ist mein Traum.« Herr Wilhelm zögerte: »Haben Sie eine Arbeit? Ich hätte eine Idee, wenn Sie Tiere mögen und Ihnen Dreck nichts ausmacht, hätte ich eine Arbeit in meinem Zoo, der Wilhelma, für Sie! Wir suchen dringend einen neuen Pfleger für die Affenbabys. Hätten Sie Interesse daran?« Edward hatte die letzten Worte gar nicht richtig verstanden, so sehr war er schon im Glück. »Was? Meinen Sie das ernst? Ich kann es nicht fassen! Ich liebe Tiere, ich wollte schon immer in einem Zoo arbeiten«, antwortete Edward fröhlich.

»Wie heißen Sie eigentlich?«, fragte der Mann. »Edward, und Sie?« – »Friedrich!« – »Wann kann ich anfangen?« – »Wenn Sie wollen, gleich morgen, und ich werde Ihnen erst mal ein Zimmer hinter dem Affenhaus geben, wo Sie schlafen können.«

Edward konnte es noch gar nicht fassen und war so fröhlich, dass er jetzt nicht mehr mit seinem Hund unter einer Brücke schlafen musste.

Am nächsten Morgen kam er mit seinem Hund in die

Wilhelma und bekam als Erstes eine saubere Arbeitsuniform, dann wurden ihm seine Zöglinge vorgestellt. Er verliebte sich auf der Stelle in die kleinen Affenbabys. Für Edward war alles wie im Traum.

Drei Monate später: Edward hat inzwischen eine eigene Wohnung mit seinem Hund Flip und hat auch anständige Kleidung. Er verdient genügend und ist sehr glücklich. Endlich darf er das machen, was er schon immer machen wollte: Er arbeitet in der Wilhelma mit ganz vielen wunderbaren Tieren zusammen.

Naemi Eggeler (11), Schönbuch-Gymnasium Holzgerlingen

Ein echter Reinfall

Maik seufzte und ließ sich neben seiner besten Freundin Amy nieder. Diese blickte ihn an und sagte mit ihrem englischen Akzent: »Ich freue mich schon so auf den Weihnachtsmarkt. Wusstest du, dass ich die letzten zwei Jahre nicht mehr dort war?« Maik lachte und meinte: »Na, dann wird's ja höchste Zeit!« Die U-Bahn brauste los, und es dauerte nicht lange, bis ihre Haltestelle kam. Die beiden Freunde stiegen aus und quetschten sich mit den anderen Leuten durch die Menge. »Hey, siehst du den Jungen da drüben? Der hat genau die gleiche Jacke an wie du!«, rief auf einmal Amy. Eigentlich war das nur für Maik bestimmt, aber da sie es laut gerufen hatte, bekamen es alle Leute mit und starrten sie an. Auch der Junge. Amy wurde puterrot. Eine Tomate, eine Ampel, nichts war vergleichbar mit ihrem Gesicht. Maik packte die hilflose Amy am Arm und zog sie mit sich. Als sie ein Stück weit weg waren, prustete er los: »Peinlich!« Mit gespielter Beleidigung schob Amy die Unterlippe vor, doch schließlich konnte auch sie es nicht länger aushalten und lachte mit Maik über sich selbst.

Die beiden waren noch nicht weit gekommen, als ein Typ sie überholte und vor Maik einen Zettel fallen ließ. »Hey, Sie haben Ihren Zettel verloren!«, rief Maik ihm nach. Doch der Mann reagierte nicht. Amy hatte den Zettel bereits aufgehoben und gelesen. Nun wurde sie kreidebleich. Wortlos hielt sie Maik den Zettel hin. Maik nahm ihn und las ihn ebenfalls. »Was soll das bedeuten?«, rief er. Amy zuckte die Schultern. Woher sollte sie das wissen?

Auf dem Zettel stand:
Komm zur Johanneskirche um Punkt 12 Uhr.
Sonst passiert etwas.
Mr X

Amy war beunruhigt und fragte: »Sollen wir hingehen?« Maik überlegte und meinte dann: »Ja. Er schreibt doch: ›Sonst passiert etwas.‹ Vielleicht ist es ja nur ein Streich von unseren Freunden!«

Es war kein Streich. Als sie an der Kirche ankamen, entdeckten sie an der Tür einen kleinen Zettel. Amy las ihn und sagte: »Dieser Mr X lotst uns jetzt zum Fernsehturm. Und zwar um Viertel vor eins, obwohl das …« Doch weiter kam sie nicht. Maik hatte gerade auf die Kirchturmuhr geguckt und rief: »Was?! Viertel vor eins?! Der spinnt doch. Es ist schon kurz nach zwölf und der Fernsehturm ist ja nicht gerade um die Ecke!«

Als sie keuchend am Fernsehturm ankamen – sie hatten sämtliche roten Ampeln ignoriert und waren von einer S-Bahn in die andere gehopst – fanden sie einen weiteren Zettel. Mr X wollte sich diesmal PERSÖNLICH mit ihnen treffen. Die beiden Freunde begannen, heiß zu diskutieren. Amy wollte nicht hingehen, sie hielt es für viel zu gefährlich, doch Maik war zu neugierig und setzte sich schließlich durch.

Beide waren nervös, als sie – viel zu spät – zum Rathaus kamen, wo sie Mr X treffen sollten. »Hoffentlich ist er noch da«, murmelte Amy. Sie entdeckten einen Typen mit schwarzem Mantel und tief ins Gesicht gezogenem Hut in der Ecke beim Paternoster. Amy brüllte: »Hey, Sie, sind Sie Mr X?« – »Hast du sie noch alle?«, rief Maik entsetzt. Doch da war es schon passiert: Der Typ starrte sie kurz an, reagierte dann sofort und sprang in den Paternoster. Die Freunde rannten ihm hinterher und hüpften in die nächste Stufe. »Warum rennt er bloß weg?«, dachte Amy.

Dann kam es zu einer furchtbaren Verfolgungsjagd, raus aus dem Rathaus und quer über den Weihnachtsmarkt. Sie rempelten den Spieler einer Kapelle an, beschädigten die Deko von zwei Ständen und stießen einen Stehtisch bei einer Würstchenbude um. Auch der Junge mit der Double-Jacke aus der U-Bahn rannte nun mit. Komisch, dabei hatten sie mit dem doch gar nichts zu tun! Und er brüllte die ganze Zeit etwas, aber Amy und Maik hörten nicht zu. Denn auf einmal verlor sich die Spur von Mr X. »Wo ist er?«, rief Amy atemlos. »Keine Ahnung«, keuchte Maik. »Am besten, wir teilen uns auf! Du links, ich rechts. In einer Viertelstunde treffen wir uns wieder hier an der Würstchenbude!« Keiner der beiden konnte Mr X finden. Maik fand mit Mühe und viel Rumfragen wieder zum Treffpunkt, aber Amy nicht, so sehr sie sich auch anstrengte. Und auf einmal entdeckte sie ihn – Mr X. Auch er entdeckte sie und rannte sofort los. Amy verfolgte ihn, bis sie schon längst weit weg vom Weihnachtsmarkt waren. Im Rennen überlegte sie, was wohl wäre, wenn sie den Zettel einfach nicht aufgehoben hätte. Alles wäre okay und sie wäre hier nicht reingeraten, hier, in diesen Krimi. Dann seufzte sie. Sie wusste kaum noch, wie sich »okay« anfühlte.

Sie rannten und rannten. Amy spürte ihre Beine nicht mehr, aber sie wollte durchhalten. Der Typ drehte sich gerade ungefähr zum hundertsten Mal zu ihr um und würde jetzt wieder beschleunigen, aber dann stolperte er über einen Stein und fiel hin. Das war Amys Chance ...

Eine Stunde später kam sie mit Mr X, der sich als Jörg vorstellte, am Weihnachtsmarkt an und lief sofort zu Maik. Jörg hatte ihr inzwischen erklärt, dass das zwischen ihm und dem Jungen mit der Double-Jacke nur ein Spiel war, in das sie hineingeraten waren. Jörg schrieb ein Theaterstück und wollte mit seinem Freund Tom als Opfer probieren, ob seine Ideen auch funktionierten. Und da Maik die gleiche Jacke wie Tom trug, hatte Jörg die beiden eben verwechselt. Das erklärte natürlich alles. Und auch Maik hatte alles schon erfahren, von dem Jungen, der sich ihm als Tom vorstellte. Ein echter Reinfall ...

Sarah Hofmann (10), Königin-Olga-Stift

Rabbits in Stuttgart

Man kennt ja die Geschichte, dass es auf dem Mond keine Lebewesen gibt, doch da hat man sich geirrt, denn auf dem Mond gibt es Lebewesen. Nämlich die Rabbits. Die Rabbits sind kleine Hasen mit einem Wahnsinnshumor. Und da gibt es drei Hasen namens Tom, Bob und Tina. Die drei kleinen Hasen sind immer auf der Suche nach einem Abenteuer.

Eines Sommers sagte Tom: »Wir sollten mal wieder verreisen.« Bob und Tina stimmten zu und machten sich auf den Weg zu ihrer selbstgebauten Rabbit-Rakete. Der Unterschied zwischen einer normalen Rakete und einer Rabbit-Rakete ist, dass sie statt mit Benzin mit einer Münze betrieben wird. Also nahm Tina ihren Geldbeutel raus und holte einen Rabbit-Taler heraus. Sie warf ihn in die Rabbit-Rakete. Alle drei stiegen in die Rabbit-Rakete und gaben den Zielort ein: Kiel (Deutschland). Dann zählte die Maschine 3 – 2 – 1. Und dann ging es los!

Als sie gerade die Erdatmosphäre erreicht hatten, blinkte ein kleines Licht an der Rabbit-Rakete. Und sie kamen total vom Kurs ab. Anstatt nach Kiel flogen sie nach Stuttgart und mussten eine Notlandung am Flughafen in Echterdingen (Stuttgart) machen. Nachdem ihre Rakete einen Totalschaden angerichtet hatte, rannten sie zur Pforte.

Doch da warteten die Zollbeamten und die sagten: »Bitte legen Sie Ihre Koffer ab und laufen Sie durch das Tor.« Bob schrie laut: »Waaaaaaaaaaaaah«, und rannte weg, Tina und Tom ihm nach. Als sie beim Shop ankamen, fragte Tom: »Haben Sie vielleicht Pömpel oder Klobürsten?« Die Verkäuferin sagte erstaunt: »Nein, das führen wir nicht.« Die drei liefen weiter. Die Zollbeamten rannten ihnen nach und ließen ihre Hunde los. Tom schrie: »Los, wir teilen uns auf und treffen uns am ... ähhhh, am Fernsehturm, alles klar?« Ihr fragt euch jetzt, woher Tom wusste, was ein Fernsehturm ist und wo er steht. Naja, er hatte im Shop eine Stuttgartkarte geklaut.

Auf jeden Fall trennten sich die drei und liefen in verschiedene Richtungen. Bob sprang in ein Polizeiauto und fuhr weg, Tina stieg in den nächsten Bus und fuhr ans Kunstgebäude, wo gerade die Ausstellung »Eiszeit, Kunst und Kultur« stattfand. Tom wurde leider von den Zollbeamten geschnappt. Er wurde ins Stammheimer Gefängnis gebracht. Während Bob zum Schlossgartenhotel fuhr, kam Tina am Kunstgebäude an und ging rein. Enttäuscht sagte sie: »Mann, hier ist ja nix los.« Sie packte ihren Wiederbelebungsstrahl aus und schoss auf die Mammuts und die anderen Tiere. Kurz darauf wurden alle Tiere lebendig und rannten raus. Tina sprang auf ein Mammut und ritt über den Schlossplatz. Inzwischen kam Bob am Schlossgarten an und bestellte die ganze Essenskarte, zum Beispiel Jägerschnitzel mit Pommes und einen Gartensalat. Im Knast hatte Tom nicht so viel Glück, denn er bekam nur stilles Wasser und Schwarzbrot zu essen und seine

Zellengenossen waren große, behaarte Schlägertypen. Sie sagten immer nur: »Was geht ab?« Oder: »Mach mich nicht an.« Und der Wärter war auch nicht nett, denn er schrie Tom an und hielt ihn für ein Mädchen.

Aber Tina hatte großen Spaß, denn sie konnte auf einem Mammut über den Schlossplatz reiten. Da fiel ihr ein, dass sie sich doch mit den anderen am Fernsehturm treffen wollte. Also befahl sie: »Los, meine Tiere, zum Fernsehturm!« Und sie ritt los.

Bob stieg auch wieder in das Polizeiauto und fuhr los. Leider konnte Tom nicht so leicht wegfahren, denn er saß ja im Knast. Doch da kam ihm eine Idee: Er gab seinem Knastbruder einen Rabbit-Taler und sagte: »Jo, wirf mich durchs Fenster, alles klar.« Dann packte der Typ Tom und warf ihn durch das Gitterfenster und sagte: »Uhhhhh! Das muss wehgetan haben.« Tom flog fast über ganz Stuttgart und kam irgendwann am Fernsehturm an.

Inzwischen fuhr Bob die Neue Weinsteige entlang, während hinter ihm Tina mit ihrer Tierherde ritt. Doch plötzlich fuhr die Polizei hinter ihnen und hatte das Blaulicht an. Bob erschrak und gab Vollgas. Auch Tina schrie: »Los, mein Mammut, gib Gas!« Aus dem normalen Ritt zum Fernsehturm wurde eine Verfolgungsjagd. Als die beiden am Fernsehturm ankamen und Tom sahen, sagten sie schnell Hallo und rannten gleich hoch auf den Fernsehturm. Die Polizei rannte ihnen nach und schrie: »Stopp, oder wir schießen!« Doch davon ließen sich die drei nicht anhalten, sie rannten weiter, bis sie oben ankamen. Da sahen sie ihre Rabbit-Rakete, denn die Rabbit-

Rakete hatte einen Peilsender, der immer wusste, wo Bob sich gerade befand. Schnell stiegen sie ein und warfen einen Rabbit-Taler ein. Dann flogen sie los, doch die Polizei schoss auf sie. Allerdings flogen die drei viel zu schnell.

Als sie oben auf dem Mond ankamen, sagte Bob: »Das will ich nächstes Jahr wieder machen.« Da stimmten alle zu und lachten.

**Franz Xaver Lallinger (12),
Mörike-Gymnasium Ludwigsburg**

Das Wappentier von Feuerbach

Hallo, ich heiße Dieter, Dieter Biber. Ich habe mir einen Damm am Feuerbach gebaut und dort lebe ich jetzt mit meiner Frau Berta. Nachdem ich heute Morgen aufgestanden bin, habe ich gleich noch einen Baum gefällt.

Berta will nämlich unbedingt ein Privatschwimmbecken. Und deshalb trenne ich jetzt mit Bäumen, Ästen und Schlamm ein Stück von dem Teich ab, der sich hinter dem Damm gebildet hat. In zwei Tagen bin ich wahrscheinlich damit fertig. Ich muss aber auch noch was zum Essen sammeln. Jetzt ist dazu eine gute Zeit. Es gibt viele Kräuter, Gräser, Blätter und Wasserpflanzen. Wurzeln aber kann man inzwischen kaum noch essen, denn der Boden ist von saurem Regen durchdrungen, und wenn wir welche essen, werden wir krank. Der Feuerbach ist deshalb auch schon ganz schmutzig. Aber heute habe ich Glück: Ich finde etwas Fallobst und eine Wurzel, die noch gut aussieht. Ich gehe wieder zurück zum Bau und esse mit Berta. Danach legen wir uns schlafen, weil es heute schon früher dunkel wird. Als wir am nächsten Morgen aufwachen, erwartet uns eine Überraschung: Es hat geschneit. Und das heißt: Bald ist Weihnachten.

Kai-Oliver Kohlen (12), Leibniz-Gymnasium Feuerbach

Stuttgart – du bist perfekt

Stuttgart ist eine schöne Stadt,
wie sie noch niemand gesehen hat.
In der Nähe ist auch 'ne Post,
von meinem Gymy, dem KOSt.

Dort gibt es echt nette Lehrer,
aber auch die machen manchmal Fehler.
Ich mag gerne Biologie,
Sport, Kunst und Geographie.

Aber auch Mathe, Deutsch, Schwimmen
und in Musik die Gitarre stimmen.
Trotzdem jetzt zurück zur Stadt,
die so toll ist und alles hat.

Feuersee und Fernsehturm
und dazwischen mal ein Regenwurm.
Weihnachtsmarkt und Eislaufbahn,
da kann man sehr gut Schlittschuh fahrn.

In der Wilhelma gibt's viele Tiere,
Elefanten, Tiger und auch Stiere.
Pinguine, sogar Schneehasen,
manchen gefrieren dort schon mal die Nasen.

Der VFB, das wird schon wieder,
bei denen geht es auf und nieder.
Die Fans, die bleiben trotzdem treu
und zeigen dabei keinerlei Scheu.

In Stuttgart geht es hoch und runter,
das macht die Fahrradfahrer ziemlich munter.
Stuttgart, du bist perfekt,
ich will nie von dir weg!

Alexa Mara Motte (10), Königin-Olga-Stift

Akrostichon

Stuttgart ist die Stadt des VFB.

Theatertragödien werden im Schauspielhaus oder im Staatstheater vorgeführt.

U-Bahn-Linien gibt es 15.

Tolle Sehenswürdigkeiten gibt es hier, zum Beispiel den ersten Fernsehturm Deutschlands.

Turnwettkämpfe werden in der Porsche-Arena ausgetragen.

Geredet wird »Schwäbisch«.

Alles können wir, außer Hochdeutsch.

Rassismus wird vertrieben – man versucht's zumindest.

Tennismatches finden in der Porsche-Arena statt.

**Valentin Gekeler (12),
Ferdinand-Porsche-Gymnasium Zuffenhausen**

Aufregung im Stuttgarter Westen

Hannes wohnte mit seiner Familie im Stuttgarter Westen. Er hatte sehr viele Freunde, mit denen er gerne auf der Straße spielte. Meistens trafen sie sich samstags.

In dem Haus, in dem Hannes wohnte, wohnte auch Frau Rimmele. Sie war eine liebe alte Frau, die den Kindern der Wohnanlage oft beim Spielen zusah. Sie hatte auch häufig eine Tüte mit Gummibären, die sie dann verteilte. Alle Kinder mochten Frau Rimmele.

Im vierten Stock wohnte Herr Häberle. Ihn kannten alle, er passte von seinem Balkon aus auf, dass die Kinder beim Spielen ja nicht den Rasen betraten. Fiel der Ball mal dorthin und ein Kind holte den Ball, so brüllte Herr Häberle vom Balkon und war außer sich vor Wut. Alle Kinder flitzten dann über den Rasen in alle Richtungen durcheinander und schrien vor lauter Angst um Hilfe.

Samstags achtete Herr Häberle sehr auf die ordentliche Durchführung der Stuttgarter Kehrwoche. Wurde der Gehweg bis neun Uhr nicht gekehrt, klingelte Herr Häberle bei den Zuständigen und verlangte, dass sofort gekehrt werden sollte. Falls die Zuständigen der Kehrwoche diese Anweisung nicht befolgten, ordnete Herr Häberle an, dass sie, wenn er (also Herr Häberle) an der Reihe war, seinen Dienst übernehmen mussten.

Er schrie und schimpfte dauernd. Alle Bewohner der Schwabstraße kannten ihn. Niemand mochte Herrn Häberle, denn er hatte immer etwas zu meckern.

Da passierte etwas!

Am vergangenen Freitag fuhr der Notarzt mit einem Krankenwagen und Blaulicht vor. Alle anwesenden Bewohner rannten auf die Balkone. Was war passiert? Wer ist krank geworden?

Nach einer Weile wurde Frau Rimmele auf einer Liege aus dem Haus getragen und im Krankenwagen abtransportiert. Alle waren traurig und hofften, dass es nichts Schlimmes war. Als Hannes an Frau Rimmeles Wohnung vorbeiging, sah er, dass der »Kehrwochenbesen« an Frau Rimmeles Wohnungstüre hing. Morgen hätte also Frau Rimmele die Kehrwoche zu machen! Hannes ging raus, um mit seinen Freunden zu spielen.

Vor dem Nach-Hause-Gehen standen die Jungs alle zusammen und beratschlagten. Herr Häberle schrie sehr laut vom Balkon, sodass alle erschraken: »Was heckt ihr Bengel jetzt schon wieder aus? Stellt ja nichts an, ich sag's euch!«

Die Jungs gingen schnell nach Hause. Am Samstagmorgen stand Herr Häberle schon zeitig auf dem Balkon und schaute nervös auf die Straße runter. Frau Rimmele ist im Krankenhaus – wer macht die Kehrwoche? Herr Häberle dachte: »Na warte, Frau Rimmele wird die nächsten zwei Mal die Kehrwoche für mich übernehmen, das steht fest!«

Plötzlich, wie aus dem Nichts, kamen alle Jungs der Wohnanlage mit Besen, Schaufeln und Eimern auf die

Straße und kehrten alles weg, bis kein einziges Blatt mehr auf der Straße lag. Alles ging so schnell und ruhig, dass Herr Häberle dachte, er träume. Er sagte leise zu sich selbst: »So ein Mist, jetzt muss ich das nächste Mal doch die Kehrwoche selbst machen!«

Als Frau Rimmele von Hannes im Krankenhaus besucht wurde und erfuhr, was geschehen war, weinte sie vor Freude.

Von Herrn Häberle hörte man von da an nichts mehr.

Nils Carsten Schreiner (12), Königin-Olga-Stift

Toms Alltag in Stuttgart

Tom ist ein elfjähriger begeisterter Fußballspieler aus Stuttgart, der eigentlich gerne in die Schule gehen würde, wenn da nicht seine nervigen Schulkameraden wären, die ihn wegen seiner alten und viel zu kleinen Klamotten andauernd auslachen. Gerne würde er sich neue Kleidung kaufen, aber seine Eltern haben nicht so viel Geld, um ihm und seinen vier Geschwistern diesen Wunsch zu erfüllen. Aber das ist noch lange nicht alles, worauf die Geschwister verzichten müssen, denn das einzige Einkommen kommt von seiner Mutter, die bei der Post einen Job hat. Doch viel verdient sie da auch nicht. Der Vater ist schon seit vielen Jahren arbeitslos. Deshalb geht Tom in seiner Freizeit oft auf die Königstraße und trickst und jongliert mit seinem Fußball. Damit verdient er sein »Taschengeld«. Außerdem strengt er sich in der Schule ganz besonders an, damit er später einen Job bekommt. Das ihm nicht unbekannte Wort »Streber«, das öfter aus den Mündern seiner Mitschüler kommt, stört ihn dabei überhaupt nicht. Da er nicht so viele Freunde hat, geht er oft ins Tierheim und führt die Hunde aus. Damit tut er nicht nur den Tieren einen Gefallen, sondern auch sich selber, denn er hat viel Spaß daran, auch wenn er ein schwieriges Leben führt.

Fiona Schönfeld (13), Realschule Weil der Stadt

In Stuttgart

In Stuttgart,
da gibt es Maultaschen,
die mögen alle Kinder naschen.

In Stuttgart
gibt es leckeren Wein,
den schenkt uns eine nette
Wirtin ein.

In Stuttgart
gibt es den Fernsehturm,
der ist höher als ein Wirbelsturm.

In Stuttgart
gibt es Sonnenschein,
aber manchmal
tritt auch der Winter ein.

In Stuttgart
wird morgens das Fenster aufgemacht
und alle Vögel singen:
»Aufgewacht! Aufgewacht!«

In Stuttgart
wird spaziert
und dabei wird schnabuliert.

In Stuttgart
sieht man mal auf dem Blatt
einen Käfer,
der frisst sich davon satt.

In Stuttgart
gibt es einen Zoo,
»Wilhelma« sagen die Leut' dazu.

Alexandra Kukshausen (11), Königin-Olga-Stift

Bergauf, bergab und samstags Einkauf

»You now see the famous Schlossplatz«, hörte ich den Führer der amerikanischen Touristen sagen, die mit riesigen Sonnenbrillen, Sandalen und Fotoapparaten auf dem Schlossplatz standen.

Und wo war meine Mutter jetzt schon wieder hingeraten? Ich drehte mich um und sah sie zehn Meter weiter hinten an einem Kleiderständer stehen. Ich lief zu ihr und wurde von ihr mit einem Wortschwall begrüßt: »Johanna, schau dir mal das Kleid hier an, so was gab's in Uelze nicht!« Ich verdrehte die Augen und erwiderte: »Mama, bitte, ich bin um zwei mit Marie verabredet, der Nachbarin rechts von uns!« Zu meinem Erstaunen nickte meine Mutter und meinte, dass ich alleine nach Hause gehen könne, den Schlüssel hätte ich ja.

Jetzt muss ich vielleicht mal erklären, dass ich Johanna heiße, elf Jahre alt bin und dass ich erst vor kurzem aus Uelze nach Stuttgart gezogen bin. Uelze ist ein kleines Dorf in Niedersachsen, und Mama hat gesagt, dass wir dort keine Zukunft hätten. Dann hat sie sich mit Papa gestritten und ich musste mit Mama nach Stuttgart; Papa ist in Uelze geblieben.

Als ich aus der U-Bahn stieg – anders kommt man in dieser lauten stinkigen Stadt eh nicht vorwärts –, musste ich mal wieder den Berg hoch. Berge sind, anders als in Uelze, hier nicht zu umgehen. Ich war vollkommen nass geschwitzt, als ich oben ankam. In unserer Wohnung roch es nach Farbe. Ich ging in mein Zimmer und blätterte in einem Reiseführer. Dort stand: »Stuttgart ist eine ruhige und idyllische Stadt. Vermutlich geht ihr Name auf einen Stutengarten zurück, den Herzog Luidolf von Schwaben im Jahre ...«

Ich klappte den Reiseführer zu. Das stand überall. In Wirklichkeit hört man überall die Bundesstraßen, und Pferde laufen hier längst nicht mehr rum.

Natürlich gibt es auch schöne Plätze wie den Fernsehturm oder die Wilhelma, wo ich schon mit Mama war, aber in Uelze hört man keine Bundesstraße und es gibt auch noch Pferde. Aber die Hauptsache: Es gab keine Berge und ich musste nicht jeden Samstag mit meiner Mutter einkaufen gehen.

Es klingelte: Marie. Ich öffnete und wurde beinahe von der Hitzewelle umgehauen. Nachdem wir uns begrüßt hatten, fragte ich: »Wo ist hier das nächste Freibad?« – »Drei Stationen mit der U-Bahn«, antwortete Marie mir. Ich schrieb meiner Mutter einen Zettel und Marie sagte ihren Eltern Bescheid. Dann packten wir unser Zeug und gingen, ausnahmsweise mal bergab, zur U-Bahn-Station. Während wir einstiegen, dachte ich: »Vielleicht ist Stuttgart doch nicht so schlecht. In Uelze hätte uns meine Mutter erst zehn Kilometer mit dem Auto fahren müssen.«

Berit Krause (11), Karls-Gymnasium

Urlaub in Stuttgart

Als der kleine Olaf acht Jahre alt war, kam er mit seinen Eltern nach Stuttgart. Nach der langen Reise aus Schweden wollte Olaf früh ins Bett. Sie fanden ein kleines Hotel am Feuersee. Erst einmal wurde die Planung für die nächsten Tage gemacht. Papa holte den Reiseführer und den Stadtplan heraus. Sofort wurden die Sehenswürdigkeiten angepeilt. Mama wollte es sich natürlich nicht nehmen lassen, alle Sehenswürdigkeiten einzeln vorzulesen. Aber Olaf begann schon zu gähnen, also ging er in das gemütliche Hotelbett und schlief im gleichen Moment ein. Sofort ging er an zu träumen. Alles drehte sich und die Reise begann. Er sah sich selbst in einem Bus in Richtung Stadt fahren.

Langsam kam ein Schloss hervor, und sofort wurde ihm klar, dass er am Schlossplatz war. Er erinnerte sich an Mamas und Papas Geschichten vom alten Schloss. Jetzt stellte er sich die Frage: »Was nun?!«

Die Entscheidung fiel ihm nicht zu schwer, da er hinter sich eine bekannte Melodie gehört hatte. Olaf folgte der Melodie und nach wenigen Metern stand er vor dem Instrumentenmuseum. In dem Museum sah er viele Instrumente und war begeistert von deren Vielfalt.

Danach setzte er seine Reise in Richtung Landesmuseum fort. Dort begrüßte ihn ein älterer Herr, der wie ein Graf aussah. Er erklärte ihm mit tiefer rauer Stimme, dass er noch viele interessante Sachen im Kunstmuseum und der Staatsgalerie sehen könne. Gesagt, getan.

Nach den vielen Sehenswürdigkeiten machte Olaf eine kurze Pause am kleinen Kunstsee im Schlossgarten. Er überlegte sich, was er noch unternehmen könnte, und entschied, mit der U-Bahn zum Naturkundemuseum am Löwentor zu fahren. Da schaute er mit großen Augen die Saurierskelette und Schädel der Urmenschen an. Dann ging er über die Neckarbrücke in Richtung des Mercedes-Benz-Museums, dem Wahrzeichen Stuttgarts. Hinter der silbern glänzenden Aluhülle des Gebäudes fand er eine ganz andere Welt – eine Autowelt – eine Menschheitsgeschichte. Wie in Trance ging er von einem ausgestellten Auto zum anderen. In jedem Auto saß ein Mann, der ihm beim Vorbeigehen zuwinkte. Sie erzählten ihm interessante Geschichten über die Fahrzeuge. Am meisten hatte es ihm ein Silberpfeil angetan. Olaf stieg in den Wagen, drehte den Schlüssel im Zündschloss und fuhr los. Zuerst fuhr er in dem Museum und dann um das Museum herum. Er gab Gas und steuerte in Richtung des Fernsehturms. Dort angekommen schaute er nach oben und ging dann, ohne zu überlegen, in den Turm hinein. Im Aufzug auf dem Weg zur oberen Plattform raste sein Herz immer schneller. Oben wurden seine Haare durch den Wind aufgewirbelt und er bekam glänzende Augen. An diesem sonnigen Tag hatte er einen Ausblick, den man selten sieht: Stuttgart in seiner ganzen Schönheit.

Auf einmal hörte er eine bekannte Stimme: »Olaf, Olaf, wach auf, wir müssen zum Frühstück.« Er fragte sich, was dies bedeuten sollte, spürte dann aber die warmen Hände seiner Mutter auf dem Kopf und machte die Augen auf. Erst da wusste er, dass er alles nur geträumt hatte. Sein Vater sagte, dass sie noch viel an diesem Tag vorhätten und dass er sich beeilen sollte. Trotz seiner »Müdigkeit« von der »langen Nacht« sprang er auf und war überzeugt, dass er an diesem Tag wunderschöne Sachen erleben würde.

Dominik Sauka (11), Königin-Olga-Stift

Herr Schröder unterwegs

Hallo, ich heiße Herr Schröder. Heute war ich mit Frau Schröder auf der Königstraße unterwegs. Auf dem Weg vom U- Bahnhof Klettpassage bis zu den Königsbau-Passagen mussten wir vor jedem Laden anhalten. So viele Menschen auf der Straße, so viele verschiedene Geräusche und Gerüche umwehten mich. Am Eingang zum Königsbau ging sie in einen Laden und ich musste schon wieder draußen bleiben. Da beschloss ich, alleine weiterzugehen, denn das war mir echt zu blöd. Also ging ich in die Königsbau-Passagen hinein, da riecht es immer so gut. Ich kam am Asia-Imbiss vorbei, dort stand eine halb leere Kiste mit Nudeln drin. Nach all dem Rumlaufen hatte ich so einen Hunger, dass ich sie aufaß. Das war ziemlich scharf, nun hatte ich Durst. Auf dem Schlossplatz gibt es doch zwei Brunnen, also nichts wie raus! Der rechte Brunnen sah verlockend aus, doch das Wasser schmeckte nach Chlor und war ziemlich dreckig, aber der Durst war größer. Danach roch ich doch glatt die Markthalle und wollte mich auf den Weg dorthin machen. Frau Schröder geht eh immer in die Markthalle, wenn sie einkaufen ist.

Doch das große Gebäude mit etwas Goldenem drauf war auch interessant. Durch den großen Torbogen kam ich auf einen Platz, auf dem ein Mensch aus Blech auf einem riesigen Pferd saß. Ich habe mal gehört, dass Stuttgart von »Stutengarten« kommt. Viele Leute gingen in das große Gebäude, und als ich es auch probierte, wollte man mich nicht reinlassen. Also wartete ich draußen auf den richtigen Augenblick.

Da, der Augenblick war gekommen! Die Frau an der Theke diskutierte mit jemand, ob drei Personen schon eine Gruppe waren oder ob 20 Leute einen Mengenrabatt kriegen. So schlich ich an den 20 Leuten vorbei. Endlich war ich drinnen. Im ersten Stock guckten mich einige Leute komisch an. Überall standen Glaskästen, voll mit Knochen und allen möglichen unnützen Sachen. »Wow«, dachte ich, »was Menschen alles aus Essen machen können.« Und da stand auch ein Leckerli-Automat, das Tollste war, dass es nichts kostete. »So schön dekoriert und angerichtet«, dachte ich noch. Also nahm ich mir eine der Leckereien, aber was war das? Alles wackelte und ein ohrenbetäubender Lärm erklang.

Die Menschen drum herum schrien und schimpften. Es kamen viele Männer in blauen Anzügen. Sie verfolgten mich und ich rannte und rannte. Raus aus dem Haus, nur schnell wieder zum Schlossplatz. Wo war nur Frau Schröder? Vielleicht war sie ja noch im Königsbau, also rannte ich in die Richtung.

Auf dem Schlossplatz kam Frau Schröder uns entgegen: »Da bist du ja, Herr Schröder, ich habe mir Sorgen gemacht.« Sie schaute ganz besorgt und ich versteckte mich schnell hinter ihr. Da kam einer der blauen Leute uns entgegen: »Ist das Ihr Hund?« – »Ja, warum?«, fragte Frau

Schröder. Der blaue Mann erklärte, dass ich aus dem Württembergischen Landesmuseum einen Rinderknochen geklaut habe. Frau Schröder sagte, dass ich es bestimmt nicht mit Absicht gemacht habe. Und gab den Knochen zurück.

Eigentlich schade!

Helena John (11), Freie Evangelische Schule

Stuttgart liegt im Schwabenland

Stuttgart liegt im Schwabenland,
in Baden-Württemberg man dieses Städtle fand.
Spätzle mit Soße und Maultaschen mögen die Schwaben,
sie möchten sich immer und gerne an diesen Speisen laben.

Stuttgart ist 'ne schöne Stadt,
die sehr viel zu bieten hat.
Ob Weihnachtsmarkt oder Kinogehen,
in Stuttgart gibt es viel zu sehen.

Man kann auch fast alles kaufen,
dafür muss man aber manchmal sehr weit laufen.
Das Königin-Olga am Feuersee
ist die Schule, in die ich sehr gern geh.

Ich find auch die Wilhelma toll,
nur sonntags ist's da immer voll.
Was man dort sehen kann, sind Giraffen,
Löwen, Tiger, Fische und auch Affen.

Der Neckar ist ein großer Fluss,
den man unbedingt mal sehen muss.
Auf dem Schiff fahren macht da sehr viel Spaß,
doch wenn man mal ins Wasser fällt, dann wird man nass.

Noah Merkert (10), Königin-Olga-Stift

Ein Tag Stuttgart

Es war der zweite Samstag im August. Die Sonne strahlte und ein leichter Wind wehte, als eine Horde japanischer Touristen die Staatsgalerie stürmte. Die schöne bunte Staatsgalerie mit den vielen bunten Balken außen und innen voller Kunstwerke. Die Japaner sahen Bilder von Cézanne, Picasso und vielen anderen.

Danach sahen sie sich das Rathaus an und das alte Schloss. Es liegt im Zentrum Stuttgarts am Schlossplatz. Es war die erste Burganlage seit 950 und diente zum Schutz des Stutengartens.

Einige Zeit später bestiegen sie den Württemberg, um zur Grabkapelle zu gelangen. Dort hat man eine tolle Aussicht.

Ratter, ratter fuhren sie dann mit einem kleinen alten Bus nach unten, als blöde Jugendliche den Bus mit Steinen zu bewerfen begannen. Da stieg ein kleiner dicker Japaner aus und schrie sie an (natürlich auf Japanisch)! Sie lachten nur und warfen noch mehr und viel stärker, sodass er schnell wieder einstieg!

»Man sollte die Polizei rufen!«, schimpfte eine alte Dame, die ebenfalls in diesem Bus saß. Nach einer Weile kamen sie an der Wilhelma an.

Sie ist ein zoologisch-botanischer Garten. Sie ist riesig

und wunderschön. Sie wurde 1953 gebaut und besitzt ca. 8000 Tiere in 1050 Arten.

Die Ein-Tag-Stuttgart-Japaner bekamen eine Führung und aßen ein Mövenpick-Eis, als plötzlich ein Japaner verschwunden war. Der kleine Dicke von der Geschichte mit dem Bus. Sie suchten und suchten! Hinter allen 6000 Pflanzen und allen 8000 Tieren! Als Erstes natürlich in der Cafeteria, wo alle ein »Schnitzel« wollten. Doch am Schluss fanden sie ihn im Souvenirshop, umgeben von Abertausenden von Plüschtieren.

Sofort brach eine Gesprächswelle aus. »Wo warst du?« oder »Trottel!«, motzten sie. Als dann endlich alle beisammen waren, konnten sie sich entscheiden: Fernsehturm, Solitude oder Killesberg. Doch alle wollten nach Hause.

Auf dem Stuttgarter Flughafen trafen sie dann zwei Reporter. Sie wollten mit ihnen ein Interview für die Stuttgarter Zeitung machen. Der kleine Dicke gab das Interview, doch leider hat er nicht alles ganz richtig verstanden.

Reporter: »Was essen Sie hier besonders gerne?«

Japaner: »Ich glaube, Schnitzel fresse ich besonders gerne!«

Reporter (lacht): »Gut, dann notiere ich, dass Sie gerne Schnitzel essen! – Wo wären Sie sonst noch gerne hingegangen?«

Japaner: »Nach Australien.«

Reporter: »Nein! Hier in Stuttgart.«

Japaner: »Zum Weihnachtsmarkt oder zum Volksfest auf den Cannstatter Rasen oder in den Weltweihnachtscircus.«

Reporter: »In Ordnung. Aber Sie meinen doch den Cannstatter Wasen, oder?«

Japaner (lacht): »Vielleicht.«

Reporter: »Was hat Ihnen an Stuttgart überhaupt nicht gefallen?«

Japaner: »Der Lärm, die vielen Autos und Baustellen, doch das ist bei uns in Japan noch schlimmer! Und so ein paar blöde Jugendliche.«

Reporter: »Verstehe. Was hat Sie beeindruckt?«

Japaner: »Sie meinen, in Stuttgart? Dass hier alle unterschiedlich aussehen. Es gibt Deutsche mit dunklen und mit hellen Haaren, es gibt dicke und dünne, große und kleine. Ähm ... Und es gibt Leute aus aller Welt. Bei uns in Tokio sehen auf den ersten Blick alle gleich aus, finde ich. Hier gibt es einen geregelten Verkehr, das ist bei uns noch nicht so.«

Reporter: »Danke. Das wär's. Komme Se gut hoim!«

Japaner: (lacht)

Melanie Hock (11), Königin-Charlotte-Gymnasium

Wir in Stuttgart

In Stuttgart gibt es viele Sehenswürdigkeiten: den Fernsehturm und das alte Schloss und noch vieles mehr bis zur kleinsten Statue. Aber ein wichtiger Grund, dass Stuttgart eine Touristenstadt ist, sind die Menschen in Stuttgart, wie zum Beispiel die freundlichen Mitarbeiter in den Läden. Das ist es, worauf es ankommt.

Nämlich die Menschen. Was wäre eine Stadt mit ganz vielen Sehenswürdigkeiten und ganz vielen Freizeitaktivitäten mit Verkäufern, die grummelig und unfreundlich sind? Sie wäre nix. Aber wir in Stuttgart haben beides, viele Sehenswürdigkeiten und Freizeitaktivitäten und nette Menschen. Deswegen lebe ich gern in Stuttgart, und ich will auch gar nicht woandershin, denn ich würde Stuttgart und die Menschen aus Stuttgart vermissen.

Hier in Stuttgart sind wir Stuttgarter zu Hause.

Antonia Franziska Roso (11), Jörg-Ratgeb-Schule

Das große Beben

Ich möchte euch einen Teil meines langen Lebens (ihr glaubt gar nicht und wollt es erst recht nicht wissen, wie alt ich bin) erzählen. Es fing damals an:

Ich schätze, es war ein kalter Dezembertag im Jahr 2009. Es lag kein Schnee und das war für uns alle ziemlich frustrierend. Wir, also ich und meine vier Freunde, kamen gerade aus der Schule, als ein Polizeiwagen vor unserer Schule hielt und über Lautsprecher etwas verkündete. Wir verstanden nichts und dachten uns nichts mehr dabei. Doch einige Tage später, ich glaube, an dem Tag, an dem wir Biologie zurückbekamen und ich mich riesig über die Eins minus gefreut hatte, kam im Radio (ich aß gerade zu Mittag) eine wichtige Kurzmeldung. Der Radiosprecher verkündete aufgeregt: »Das Projekt Stuttgart 21 ist schiefgelaufen! Ich weise darauf hin, dass Stuttgart der Untergang droht! Alle, die klug sind und ihr Leben retten wollen, suchen sich die erstmögliche und beste Gelegenheit ABZUHAUEN!«, brüllte er durch das Radio. Verdutzt schaute ich auf mein Essen. Der Löffel mit der Gemüsesuppe blieb auf halbem Weg zum Mund in der Schwebe stehen. Ich dachte: »Soll das ein Scherz sein?« Doch meine Mutter riss mich aus meinen Gedanken. Sie packte mich an der Schulter und schrie: »Los! Pack deine

Sachen, wir hauen ab! Und zwar so schnell wie möglich!« Scherzte sie jetzt auch? Nein! Sie scherzte tatsächlich nicht, denn im nächsten Augenblick erschütterte ein kräftiger Ruck aus dem Erdreich die Wohnung. Das Geschirr im Schrank wackelte bedrohlich, und als das erste Glas zu Boden fiel und in tausend Stücke zerbarst, sprang ich auf. Wie von der Tarantel gestochen, rannte ich die Treppe hinauf, packte ein paar Klamotten und Geld ein und schnappte mir noch meinen Glücksanhänger, auf dem ein silberner Stern prangte. Ich stolperte die Treppe hinunter und sah, wie das Geschirr aus dem Schrank stürzte. Draußen warteten meine Mutter und mein Vater schon ungeduldig vor dem Auto. »Los doch, steig ein! Wir müssen noch deine Schwester abholen!« Schnell sprang ich auf die Hinterbank des Autos und schon ging die Fahrt los. Wir wohnten bei der Villa Berg und somit direkt am SWR3-Studio. Als wir daran vorbeifuhren, brach gerade das große R ab und landete direkt neben unserem Auto, da, wo wir eben noch gefahren waren. Jetzt wurde es richtig brenzlig. Draußen tobte ein riesiges Durcheinander. Das Letzte, was ich mitbekam, war, dass wir in die Silberburgstraße einbogen, um meine Schwester zu retten. Dann traf mich etwas am Kopf und ich verlor das Bewusstsein.

Als ich zu mir kam, lag ich auf der Bank eines Flugzeuges. Es war ein kleines Passagierflugzeug und meine Mutter saß neben mir. Aber ich konnte sie noch nicht einmal fragen, was passiert war, denn das Flugzeug ruckelte und stürzte in die Tiefe. Schreiend sprang ich auf und zog die Sicherheitsweste über. Mit einem Donnern krachte das

Flugzeug auf den Boden. Wir warteten einen Moment ab, und was für ein Wunder – kein Wackeln, kein Ruckeln der Erde mehr. Erleichtert seufzte ich auf. Mir war schwindelig und ziemlich schlecht. Ich sah mich um: Wir waren direkt am Hauptbahnhof oder, besser gesagt, ich sah die kärglichen Überreste davon. Plötzlich konnte ich meine Eltern nicht mehr sehen. Ich rief ihren Namen, doch niemand antwortete. Ziellos irrte ich herum. Von der Cannstatter Straße nach links auf die Schillerstraße und die Konrad-Adenauer-Straße hinunter, am Oberen Schlossgarten vorbei, durch den Akademiegarten und schließlich, vom Stimmengewirr verzweifelter Menschen angezogen, auf den Schlossplatz. Das halbe Schloss war eingestürzt. Ich sah meine Familie nicht, und so ließ ich mich erschöpft zu Boden sinken.

Tja, und dann sind alle zum Arbeits- und Sozialministerium. Von dort aus wurde dann ganz Stuttgart wieder aufgebaut. Insgesamt dauerte das 67 Jahre.

Das war an meinem 123. Geburtstag.

Finn Brandenburg (11), Königin-Olga-Stift

Hoch oben

Hoch am Fernsehturm wehen
Winde, so sanft und rau, die
wir auf der Haut verspüren,
der an uns vorüberstreicht.
Viele Schneeflocken schweben
leise auf die Erde.
Viele Menschen, groß und klein
gehen durch die Stuttgarter Straßen
und genießen das Heute.
Jeder hat ein bestimmtes Ziel
und ich auch.

Arlind Angelike (10), Schillerschule

Ein wahrer Traum

Obwohl er früher klein und unscheinbar war, hatte er schon immer gewusst, was er wollte. Und er hatte es geschafft! Heute war Moritz 17 Jahre alt und spielte in der A-Jugend des VFB Stuttgart. Es war ein harter Weg gewesen, doch Moritz war ihn gegangen:

In einem kleinen, heruntergekommenen Haus am Stadtrand von Stuttgart bettelte seit einer halben Stunde der 8-jährige Moritz bei seiner Mutter: »Ach bitte, Mama. Bitte. Alle Jungs in meiner Klasse sind in irgendeinem Verein. Und ich will halt Fußball spielen.« Die Antwort kam kurz und knapp: »Nein.« – »Warum? Ach bitte, Mama.« Moritz' Mutter entgegnete: »Wir haben zu wenig Geld. Papa verdient zu wenig und ich kann wegen dir und Phillip nicht arbeiten gehen. Es geht leider nicht.«

Moritz ging niedergeschlagen in sein Zimmer.

Am nächsten Morgen in der Schule hatte er dann wieder bessere Laune. Er hatte einen Zettel von seinem Freund bekommen, auf dem stand: »Samstag spielen wir wieder. Auf dem alten Bolzplatz, 15 Uhr.«

Moritz liebte Fußball über alles. Zu dumm, dass er nicht im Verein spielen konnte. Aber am Samstag! Darauf freute er sich jede Woche. »Heute ist Donnerstag. Mist! Zwei Tage, das halt ich nicht aus«, dachte er.

Doch endlich war es dann so weit. Es war Samstag, halb drei. Moritz rannte. Zu spät kommen, das durfte nicht passieren! Auf dem Bolzplatz begrüßte Floh Moritz: »Hey! Hast du deine Mutter jetzt eigentlich überredet?« Traurig schüttelte Moritz den Kopf.

»Ach komm. Das kriegst du schon hin. Du überredest sie schon noch.« Moritz blickte Floh stirnrunzelnd an: »Meinst du? Spielen wir wie immer?« Floh bejahte und kurz darauf ging es los. Moritz passte gleich am Anfang zu Floh. Der flankte zu Ron – 1 : 0. Zehn Minuten später glichen Tim, Felix und Luca aus! Es wurde spannend.

Wer schoss das nächste Tor? Moritz war so ins Spiel vertieft, dass er den ungewöhnlichen Zuschauer gar nicht wahrnahm.

Unser kleiner Held schoss immer wieder aufs Tor, während die Gestalt weiter um den Platz ging. Der Mann trug Jeans, ein normales weißes T-Shirt und Halbschuhe. Aber etwas an ihm konnte Aufsehen erregen: Er trug einen schwarzen Koffer bei sich. Und er fotografierte Moritz und die anderen.

Ron verlangte nach einer halben Stunde eine Pause, er war völlig erschöpft. Da entdeckte Moritz den Mann und auch seinen Fotoapparat. Sofort ging er zu dem Mann hin und fragte ungeniert: »Hallo! Was machen Sie da für Fotos?«

Der Mann grinste: »Entschuldigung, junger Mann. Mein Name ist Jürgen Ernst. Ich bin Talentscout vom VFB Stuttgart. Ich suche noch nach zwei Spielern für unsere Nachwuchsmannschaft. Du und dein Freund im blauen T-Shirt«, er deutete auf Floh, »seid meine Kandidaten. Ich habe euch schon öfter spielen sehen und heute ist meine Entscheidung endgültig gefallen.«

Moritz schluckte. Was hatte der gerade gesagt? Da kam Floh auf einmal daher: »Wo bleibst du?«

Der Talentscout stellte sich erneut vor und erzählte von seinen Plänen. Zum Schluss fügte er noch hinzu: »Fragt bitte zu Hause nach, ob ihr dürft. Hier ist meine Nummer. Ach ja! Sagt euren Eltern, dass ihr nichts zahlen müsst. Talente wie euch fördern wir so.«

Zu Hause brachen die Freudentränen bei Moritz aus. Seine Eltern waren einverstanden, Herr Ernst wusste Bescheid und nächsten Dienstag ging das erste Training los.

Und auch Floh durfte zum VFB Stuttgart.

Von da an ging es für Moritz bergauf. Sein Leben war für ihn perfekt. Manchmal fragte er sich, warum gerade er dieses Glück hatte, aber die Antwort fand er nicht. Doch eines wusste Moritz heute: Die A-Jugend, in der er und Floh heute spielten, und alles, was mit Fußball zu tun hatte, war für Moritz ein wahr gewordener Traum.

Hannah Koch (12), Schönbuch Gymnasium Holzgerlingen

Susan + Stuttgart = Fun

Ding, dang, dong ... – Endlich! Ich liebe dieses Geräusch über alles! Das Geräusch, das mich fast täglich von dieser ewigen Langeweile befreit. Richtig, ich meine die Schule, um genauer zu sein, die 7. Klasse auf dem Gymnasium. Schnell packte ich meinen Rucksack und war schon weg. Ich rannte so schnell wie möglich den Flur entlang. Als ich in die eisige Kälte trat, wurde ich langsamer und rannte nicht mehr. Ich holte tief Luft. Es tat gut, die klare, kühle Luft einzuatmen und nicht immer die stickige und muffige Luft aus dem Klassenzimmer. Ich lief weiter, denn ich wollte so schnell wie möglich auf den Weihnachtsmarkt. Meiner Mutter gehörte dort einer der größten Stände. Dort verkaufte sie Rote Wurst und Bratwurst und natürlich auch so ziemlich alles zu trinken. Als ich bei ihr ankam, gab ich ihr einen Kuss auf die Wange, winkte meinem Bruder, der verträumt auf einem Hocker in der Bude saß, und holte mir mein Mittagessen – eine Rote Wurst. Mit der Wurst in der Hand verabschiedete ich mich und machte mich schmatzend auf den Weg nach Hause. Ich hatte eine Menge Hausaufgaben auf und damit warten wollte ich nicht, denn meine Austauschpartnerin aus England würde heute Mittag kommen.

Seit Wochen freute ich mich schon auf diesen Tag. Wir

kannten uns zwar bereits, denn ich war schon bei ihr in England, trotzdem war ich aufgeregt, denn schließlich kam sie ja heute das erste Mal zu mir. Als Erstes, so hatte ich es mir vorgenommen, würde ich ihr den großen Stuttgarter Weihnachtsmarkt zeigen. Den wollte sie auch unbedingt sehen, schrieb sie mir in einer E-Mail. Die Zeit, in der ich Hausaufgaben machte und ihr Bett mit rosa Blümchenbettwäsche überzog, kam mir ewig lang vor, doch plötzlich war es so weit. Meine Mutter und Jannik kamen und wir fuhren zusammen auf den Bahnhof. Dort sah ich meine ganzen Klassenkameraden, denn auch die holten hier ihre Austauschpartner ab. Ich sah schon von weitem, dass mir Susan (so heißt meine Austauschpartnerin) entgegengerannt kam. Wir umarmten uns und holten alle gemeinsam ihr Gepäck. Man musste mit ihr nicht Englisch sprechen, denn sie hatte in ihrer Schule in England perfekt Deutsch gelernt. »Und wie geht's dir?«, fragte ich sie, als wir im Auto saßen und nach Hause fuhren. »Gut, danke«, antwortete sie, »nur die Zugfahrt und der Flug kamen mir lang vor, weil ich mich doch schon so auf dich und Stuttgart gefreut hab.« – »Du willst also immer noch unbedingt den Weihnachtsmarkt und Stuttgart sehen?«, fragte ich sie. »Ja, unbedingt, ich habe in der Schule sogar einen Vortrag über Stuttgart gehalten«, antwortete sie.

Am nächsten Tag ging ich zusammen mit ihr shoppen und auf den Weihnachtsmarkt. Hier kaufte sie Mitbringsel für ihre Geschwister. Von dem Weihnachtsmarkt war sie völlig fasziniert, denn einen Weihnachtsmarkt in einer solchen Größe gab es in England nicht. Doch als sie die

Obdachlosen hier sah, änderte sie ihre Meinung. Sie regte sich darüber auf, dass es Obdachlose gab und dass ihnen keiner half. Keine falsche Einstellung, wenn ihr mich fragt, doch sie war so sehr damit beschäftigt, dass ihr plötzlich jemand den Geldbeutel aus der Hand riss. »Haltet ihn an, ein Dieb, ein Dieb!«, schrie ich über die ganze Menge und bahnte mir einen Weg durch sie, um den Geldbeutel meiner Freundin zurückzubekommen. Sie lief mir hinterher. Ich schubste die Leute um mich herum weg und lief, was das Zeug hielt. Auf einmal sah ich, dass der Dieb hinfiel und sich jemand Fremdes auf ihn warf. Schnell packte ich Susan am Arm und zog sie mit mir. »Das gibt es doch nicht«, dachte ich in diesem Moment. Einer der Obdachlosen, die hier immer am Straßenrand saßen, hatte sich auf den Dieb geworfen. Der Obdachlose stand auf und streckte Susan den Geldbeutel entgegen. »D-d-d-danke«, stammelte Susan, die ihr Glück noch gar nicht fassen konnte. Sie steckte dem Obdachlosen 10 Euro zu und wir machten uns auf den Weg, durch die Königstraße zurück, nach Hause. Wir schoben uns schnell eine Pizza in den Backofen und verschlangen sie vor dem Fernseher. Danach gingen wir ins Bett.

Am nächsten Morgen (das war ein Samstag) machten wir uns auf den Weg ins Stuttgarter Schloss, denn dort erwartete uns eine Führung. Susan nahm ihre Digi mit und schoss die ganze Zeit während der Führung Fotos. Das nervte mich, aber ich sagte nichts. Dann gingen wir erneut auf den Weihnachtsmarkt, aber dieses Mal, um dort Schlittschuh zu laufen. Am Anfang tat sie sich schwer, doch bald fuhr Susan schon genauso gut wie ich. Nach ein, zwei Stunden gingen wir nach Hause, und ich kochte Susan und mir einen Kinderpunsch, da wir beide völlig durchgefroren waren. Ein wenig später kam Mama mit Jannik heim und machte für uns alle geröstete Maultaschen. Die fand Susan megalecker!

Am Sonntag fing Susan gegen Mittag an, ihre Sachen zu packen. »Ich komme auf alle Fälle wieder, wenn du nichts dagegen hast!«, sagte sie, als wir alle auf dem Bahnhof standen. Wir umarmten uns und ich sagte: »Klar kannst du wiederkommen, aber ich würde mich freuen, auch mal wieder zu dir nach England zu kommen.« – »Na klar«, sagte sie. Meine Mutter half ihr noch, ihre Sachen im Zug zu verstauen, und zehn Minuten später saß Susan bereits im Zug nach England, zusammen mit ihren Klassenkameraden. Einige Tage später schrieb sie mir in einer E-Mail, dass sie erneut einen Vortrag halten musste, dieses Mal über ihren Austausch, und dass sie dieses Mal eine Eins bekommen hatte.

Larissa Jaus (12), Gymnasium in der Taus, Backnang

Stuttgart mit zwei Gesichtern

Endlich! Ziemlich geschafft ließ ich mich auf einen gerade frei gewordenen Sitz in der U-Bahn plumpsen. Ein Glück, hier überhaupt einen Sitzplatz gefunden zu haben. Mein Ziel war der Weihnachtsmarkt. Und anscheinend auch das aller anderen, denn die Bahn war rappelvoll. Am Schlossplatz stieg ich aus, strömte aber nicht gleich in Richtung Markt, sondern wartete seelenruhig, bis die letzten Lichter der Bahn in der gähnenden Dunkelheit verschwanden. Dann näherte ich mich ganz vorsichtig den Gleisen. Und wartete. Und wartete. Worauf ich wartete? Ich wartete auf die U-Bahn-Mäuse. Wer das ist? Na, die kleinen Mäuschen, die immer zwischen den Steinen auf den beiden Gleisen herumhuschen. Da! Wie süß! Erst ein kleines Schnäuzchen, dann der Kopf, die Pfötchen – und eine kleine schwarze Maus huschte in die modernde Leere des Tunnels davon. Entzückt wandte ich mich ab. Das liebte ich an Stuttgart: die U-Bahn-Mäuse. Und ich freute mich schon richtig auf den gigantisch großen Rathausturm. Den fand ich einfach am besten.

Doch mir blieb das Lächeln auf dem Gesicht nicht lange: Gleich zwei Obdachlose humpelten über die Station und bettelten nach Geld. Beiden gab ich zehn Cent und ging weiter. Ich habe Angst vor solchen Leuten, deswegen rannte ich die Treppen hoch – und stand mitten im Weihnachtsmarkt. Aus einigen Ecken hörte man Leute, die Weihnachtslieder spielten oder sangen. Lichterketten, Tannenzweige und der Duft nach Punsch waren überall. Ich schlenderte die Buden entlang, kaufte ein paar Sachen für den Weihnachtsbaum, trank einen Kinderpunsch und färbte Kerzen.

Eilig entfernte ich mich von dem Trubel und marschierte zum Rathaus. Beeindruckend hoch und überlegen ragte der Rathausturm in den dunkelblauen Nachthimmel empor.

Da saß schon wieder ein Obdachloser. Und plötzlich kam Hass in mir auf. Nicht auf den Bettler, sondern auf die Leute, die fröhlich ihre Einkäufe machten und sich nicht darum scherten, dass manche Leute hier gerade verhungerten. Wie sie alle munter mit ihren Autos durch die Gegend fuhren und sich nicht darum kümmerten, dass ein kleiner Eisbär auf einer einsamen Eisscholle saß, die schmolz, nur weil diese Menschen Lichterketten aufhängten, heizten und Auto fuhren. Die Lichterketten könnte man doch weglassen, oder? Die Erde bezahlte mit ihrem Untergang dafür, dass wir ein funkelndes Fenster hatten?

Ich wusste, dass Bettler sich meistens in Alkohol und Zigaretten Besserung ihrer Lage suchten, und deswegen ging ich in den nächsten Sparback und kaufte zwei Brötchen und ein Wasser. Das legte ich dann dem Obdachlosen hin und verschwand. Wie konnte man sich denn so für Autos interessieren und Obdachlose einfach übersehen?

Trotzdem liebte ich die süßliche Luft und das weihnachtliche Gedudel, den Rathausturm und den Weihnachtsmarkt, die U-Bahn-Mäuse, den Wittwer (den großen »Würfel«, wie ich den Wittwer früher immer genannt habe) und das alte Schloss.

Aber mussten denn wirklich alle ihr Geld für nichts ausgeben und die Armen verhungern lassen? Das war doch egoistisch hoch zehn! Alle dachten wohl: »Solange ich mein Essen habe, ist doch alles gut.«

Es war Zeit, sich auf den Heimweg zu machen. Und ich beeilte mich. Als ob ich vor den Problemen auf dieser Welt fliehen könnte! Keiner konnte das.

Aber die U-Bahn-Mäuse, sie heiterten mich jedes Mal auf, deswegen rannte ich an den verdutzten Gesichtern der Leute auf dem Markt vorbei, die Treppen hinunter und zum Gleis. Da huschten und sausten sie wieder herum und allein ihr Anblick ließ mich alles Schlimme auf der Welt vergessen. Aber durfte ich das?

Durfte ich vergessen, dass da draußen immer noch Bettler waren?

**Franziska Sophie Schneider (12),
Edward-Spranger-Gymnasium**

Wie ich Skifahren lernte

Ich war gerade fünf Jahre alt, es war Winter und leider lag im Stuttgarter Westen kein Schnee. Das beeindruckte meine Erzieherin, die Drachen-Moni aus der Rasselbande, gar nicht. Sie hatte für uns, die älteren Kinder aus der Gruppe, auf dem Basar gebrauchte Skier und Skistiefel besorgt und wollte uns das Skifahren beibringen. Und wir wollten das auch!

In voller Skimontur ging es dann los. Mit den schweren Skistiefeln an den Füßen und in eine dicke Schneehose eingepackt, mit warmen Handschuhen und Skibrille und auf dem Kopf den Helm, standen wir in einer Reihe und stellten uns vor, wie wir eine steile Piste hinunterrasten. Nur das Gefühl zu haben war wunderbar. Wir gingen in die Knie, beugten uns nach rechts und nach links und rauschten da um eine Kurve und da um eine Kurve. Allerdings nur in unserer Fantasie. In Wirklichkeit standen wir nicht im Schnee, sondern auf dem Teppichboden im Tobezimmer der Familie Drachen in der Rasselbande. Was uns aber nicht weiter störte.

Nach ein paar dieser Trockenübungen wollten wir mehr! Aus einer großen dicken Weichbodenmatte, ein paar Matratzen und viel Fantasie bauten wir uns unsere eigene erste Piste. Die Weichbodenmatte schräg an die

Wand gestellt, als Stützen ein paar Matratzen darunter und die Weichbodenmatte an der Sprossenwand festgebunden – fertig! Wir schnallten die Skier an und fuhren tatsächlich hinunter. Immer und immer wieder.

Wir sehnten uns nach Schnee! Und als wir eines Tages aufwachten, war sogar der Stuttgarter Westen weiß. Da stapften wir mit unseren Erziehern voller Freude und in voller Montur zum Leipziger Platz. Am Hang gelegen, eignet er sich eigentlich ganz gut zum Skifahren lernen. Man muss nur auf die Idee kommen, es auszuprobieren!

Wir hatten sogar einen Lift. Der hieß Matthias und war auch Erzieher. Mit einem Seil zog er uns unermüdlich den Hang hoch und wir kurvten wieder hinunter. Wir hatten einen Riesenspaß! Ob Matthias auch Spaß hatte? Das müsste ich ihn mal fragen.

Wir, die Fünf- und Sechsjährigen, fuhren dann mit Moni vier Tage nach Österreich zum Skifahren. Ohne Eltern. Aber gelernt haben wir das Skifahren im Stuttgarter Westen.

Pia Albrecht (11), Königin-Olga-Stift

Stuttgart, Stuttgart, das geht ab

Ich geh zum SSB-Zentrum, steig in die U8
nach Nellingen-Ostfildern, das geht ab.
Ich fahr zum Fernsehturm, da steig ich aus.
Dann geh ich hoch und dann schrei ich's raus.

Stuttgart, Stuttgart, das geht ab.
Stuttgart, du bist meine Stadt.
Du hast zwar auch schlechte Seiten,
aber ich mag dich.
Stuttgart, Stuttgart, ich liebe dich.

Ich muss euch mal was erzähln,
ich kann nämlich nicht frei gehn.
Meine Behinderung ist ganz schön doof,
das ist für mich kein Ponyhof.
Manche lachen mich deswegen aus,
deshalb geh ich nicht gerne raus.
Aber ich hab auch Freunde in meiner coolen Schule.
Wir brauchen zwar noch ein paar neue Sachen, aber das
schaffen wir, wenn alle mit anpacken.

Stuttgart, Stuttgart, das geht ab.
Stuttgart, du bist meine Stadt.
Du hast zwar auch schlechte Seiten,
aber ich mag dich.
Stuttgart, Stuttgart, ich liebe dich.

Kevin Beler (12), Schule für Körperbehinderte

Hör auf dein Gespür –
ein Abenteuer beim Rotwildgehege

Alex fröstelte in der eisigen Kälte des Waldes. Um sich aufzuwärmen, trat sie langsam von einem Fuß auf den anderen. Der Wald war wie leer gefegt. Kein einziges Blatt war mehr in dem riesigen Blätterdach zu sehen, das sich über Alex spannte. Ein paar einzelne, verloren gegangene Schneeflocken fielen auf sie herab. Sie lief zum Rotwildgehege. Kein einziges Tier war zu sehen. Die Futterkrippen waren noch fast ganz voll, und die Fußspuren der Rehe und Hirsche waren viel zu wenige, um den ganzen Tieren des Geheges zu gehören. Alex besah sich alles genauer. »Was ist wohl mit den Tieren passiert?! Hoffentlich nichts Schlimmes!«, dachte sie verzweifelt. Verwirrt zeichnete sie die Konturen der Hufe im Schnee noch einmal nach, um ganz sicher zu sein, dass es sich um Rotwild handelte. Sie wollte gerade einmal alles rund um das Gehege absuchen, als ein Ruf aus der Ferne zu ihr drang: »Alexandra!« – »O nee! Meine Eltern!!« Alex schmiedete sofort Fluchtpläne, als sie ihren kleinen Bruder erkannte. Er hatte ein spitzbübisches Grinsen aufgesetzt und fixierte Alex mit seinen grünen Augen; er war nervig, gemein und einfach ihr Bruder. Selbst das machte ihn schon schlimm. »Willste mit zum Bärenschlössle?«, fragte ihr Vater. Alex überlegte hin und her und entschloss sich nach einer Weile, zuerst das Gehege von hinten zu erkunden und erst dann etwas zu essen. Ihre Mutter rief ihr noch hinterher: »Aber komm bald wieder, hörst du?« Doch Alex war schon losgelaufen und verstand nur noch die Hälfte. Sie rannte fast den Hügel hinunter und um die Ecke des Rotwildgeheges. Ihr Arm streifte den Metallzaun.

Am hinteren Ende angekommen, wollte sie ihren Augen nicht trauen. Vor ihr drängelte sich eine riesige Herde von Rehen, Hirschen und Kitzen um einen dicken Heuballen. »Kein Wunder, dass sie nicht vor zu den Futterkrippen gegangen sind«, dachte Alex. Und als sie sah, was sich auch noch in der Mitte des Tier-Tumults befand, konnte sie gerade noch hinter dem nächstbesten Baum verschwinden, bevor ein Kopf mit pechschwarzem Stachelschnitt und dunklen Augen aus den braunen Fellen auftauchte. »Mann, Ben, die Tiere sind alle total widerspenstig!« – »Egal, mach trotzdem weiter! Oder nee, machen wir erst mal 'ne kleine Pause.« Alex blickte sich währenddessen in ihrem Versteck um: Es war eine dicke Eiche, hinter der sie sich verbarg. Wahrscheinlich auch ziemlich alt. Tiefe Furchen zogen sich durch die dunkelbraune Rinde. Und ein paar Bäume weiter – »O nein«, dachte Alex. »Jetzt bin ich voll in die Enge getrieben!« Denn dort war das »Mini-Lager«, das anscheinend den zwei Männern gehörte, die nun immer näher zu ihr kamen. Hätte sie auf ihr Gespür gehört, wäre sie sofort losgerannt. Doch sie stand da wie angewurzelt, nicht imstande, weiterzugehen oder gar zu rennen. Die Männer waren nun fast direkt vor ihr. Ben – oder wie er hieß – hatte sie schon bemerkt. »Felix, schnapp dir das Mädchen!«, rief Ben. Und da hörte Alex auf ihr Gespür. Sie ließ ihre Faust in das Gesicht des näher kommenden Felix schnellen und rannte. Rannte, so schnell sie konnte. Der Boden verschwamm unter ihren Füßen und sie hatte jetzt schon Seitenstechen. Als sie sich einen Blick nach hinten gestattete, bemerkte sie, dass die Verfolger dicht aufholten, und prompt fiel sie hin. »Mist«, murmelte sie. So schnell es ging, rappelte sie sich wieder auf, wischte den Dreck an ihren aufgeschürften Händen an der Hose ab und rannte weiter. Noch immer war es eisig kalt, und Alex' Hände brannten höllisch, als sie den Waldrand erreicht hatte. Die Wildparkstraße war dicht befahren – und glatt. Etwa fünfzig Meter weiter hatte sich ein Unfall ereignet. Ohne groß nachzudenken, rannte sie quer über die vierspurige Wildparkstraße auf das Polizeiauto bei der Unfallstelle zu. Es war ihre letzte Rettung. Das Quietschen und Hupen der Autos ignorierte sie einfach. Fast war sie bei den Polizisten angelangt. Das laute Brausen eines Motors ließ sie herumfahren. Ein Jeep kam direkt auf sie zugefahren. Der Fahrer sah sehr verschreckt aus. Er hatte die Augen weit aufgerissen und der Mund stand ihm offen. Auch Alex bekam Panik. Alles um sie herum wurde schwarz.

Alex schlug die Augen auf. Das grelle Licht blendete sie und sie lag auf einem Bett. Neben sich konnte sie jemanden erkennen – aber nur verschwommen. Langsam sah sie klarer. Da standen ihre Eltern und ihr Bruder. Zum ersten Mal freute sich Alex, sie zu sehen. Als sie versuchte, ihren

Kopf zu drehen, breitete sich auf ihren Gesichtern ein liebevolles Lächeln aus. »Du bist wieder wach!«, sagte ihre Mutter. Alex war vollkommen verwirrt: »Wo bin ich?! Und was ist mit den zwei Männern, die mich verfolgt haben? Sie wollten irgendwas mit den Tieren machen! Aber was Böses ...« Ihre Mutter unterbrach sie: »Es ist alles gut. Keine Sorge!« – »Ja, genau!«, meldete sich nun auch ihr Vater zu Wort: »Du bist im Krankenhaus. Das Auto hat dich zum Glück nicht ganz erwischt. Na ja, das ist nicht gut ... Aber die beiden Männer – Ben und Felix –, die wurden gefasst. Es hat sich herausgestellt, dass sie die meisten Tiere des Rotwildgeheges fangen und sie für sehr viel Geld an die Wilhelma verkaufen wollten. Die Angestellten der Wilhelma wussten natürlich nichts davon. Aber es ist keinem einzigen Tier etwas zugestoßen. Du kannst ganz beruhigt sein. Ben und Felix sitzen jetzt im Gefängnis und sind ziemlich sauer auf dich. Für alle anderen Leute bist du aber so gut wie eine Heldin. Die Polizei ist nämlich auf Ben und Felix aufmerksam geworden, nachdem die zwei dich auf die Straße gejagt hatten. Du hast den ›Fall‹ sozusagen gelöst. Wir sind alle sehr stolz auf dich. Sogar Mattis.« Ihr kleiner Bruder grinste sie an. Alex war glücklich. So glücklich wie noch nie. So glücklich, dass alles um sie herum wieder schwarz wurde.

Cara Maier (11), Königin-Olga-Stift

Das Pferd mit den 15 Augen

An einem lauen Sommermorgen wurde in der Innenstadt Stuttgarts ein altes Tagebuch gefunden und im Stuttgarter Polizeirevier abgegeben. Interessiert betrachteten die Polizisten das Buch und öffneten es. Einer begann laut vorzulesen:

Eines Abends konnte ich mal wieder nicht einschlafen und wälzte mich in meinem Bett hin und her. Was lag in Stuttgart nur wieder in der Luft? Mein Blick fiel auf das Wandbild, das meine Oma aus Zuffenhausen mir geschenkt hatte. Aber was war das? Es schien, als würden sich die Bewohner meines Wandbildes bewegen! Ach, du meine Güte! Flüsterte mir da einer etwas zu? Ich verstand: »Komm mit in unsere Welt!« Dann verschwamm alles vor meinen Augen und ich stand – ja, wo stand ich eigentlich?

Ich schaute auf den Boden und sah einen rotblauen riesengroßen Teppich. Ich folgte ihm und sah viele kleine Häuschen aus Baumstämmen.

Der Teppich war überall.

Es liefen lauter kleine Figuren herum.

Es waren die meines Wandbildes!

Einer wandte sich mir zu und stellte sich vor: »Guten Tag, ich bin Klaus von Flusenhof – Waschmaschinen-Experte. Und mit wem habe ich die Ehre?«

Ich war so erstaunt, dass ich erst mal keine Antwort gab und den Herrn etwas genauer betrachtete: Er hatte kurze graue Haare, einen viel zu großen schwarzen Hut, eine blau-gelbe Hose und einen roten Pullover. Der Herr sah mich erwartungsvoll an und so sagte ich schließlich: »Hallo, ich – ich bin Ben.« Ich merkte, dass ich stotterte. Doch das schien den kleinen Mann nicht zu interessieren. »Ihr habt Waschmaschinen?«, fragte ich. Doch der Mann hörte mich nicht und schleifte mich hinter sich her.

Mich traf fast der Schlag, denn hinter der nächsten Kurve stand ein Tausendfüßler! Die Leute mussten ziemlich klein sein, denn der Tausendfüßler war ein wahrer Riese und schien als Bus benutzt zu werden.

Doch wie kam ich hierher, wo war ich und, vor allem, wie kam ich hier wieder raus?!

Nachdem Herr von Flusenhof mich eine Stunde durch die kleine Stadt, die übrigens Kibomik hieß, geführt hatte, wollte er mir noch den Wald zeigen. Erst auf halber Strecke bemerkte ich, dass ich auf so einem Tausendfüßler ritt. Dann hatten wir den Wald erreicht und kletterten mühsam von dem Tausendfüßler herunter. Wir liefen durch den Wald und Herr von Flusenhof machte endlos lange Berichte über Blumen und Sträucher.

Da hörten wir plötzlich ein leises Wiehern. Und da sahen wir ein Pferd, das 15 Augen hatte, die in schönen Fünferreihen angeordnet waren. Die Augen öffneten sich gleichzeitig und schlossen sich auch gleichzeitig wieder.

Doch vor der Höhle, in der das Pferd stand, war ein großes Spinnennetz gespannt und es saß eine große Spinne davor. Die hielt das Pferd gefangen. »Ihr habt genug geguckt!«, rief sie mit greller Stimme.

Wir grübelten, was wir tun könnten, um das Pferd zu befreien.

Da entdeckten wir eine übergroße Fliege und fingen sie ein, was nicht sonderlich schwierig war. Wir ließen die Fliege so nah an der Spinne vorbeifliegen, dass die Spinne losrannte, immer der Fliege hinterher.

Ich half dem Pferd mit den 15 Augen und Herr von Flusenhof schaute mir dabei zu. Dann gingen wir mit dem Pferd in die Stadt und der Bürgermeister von Kibomik schenkte mir für meine Tapferkeit eine Kette mit einem Pferd mit 15 Augen dran.

Auf einmal rasselte mein Wecker, und ich merkte, dass ich wieder zu Hause in der Menschheit war.

Ich dachte: »Es war alles nur ein Traum!«, doch dann sah ich, dass ich eine Kette trug, eine Kette mit einem Pferd mit 15 Augen. Ich schaute auf mein Wandbild, und es kam mir so vor, als ob eine der Figuren mit zuzwinkerte.

Nachdem der Polizist geendet hatte, legte er das Buch verblüfft zur Seite. Es war mucksmäuschenstill im Raum. Dann fragte ein Polizist: »Was machen wir jetzt mit dem Buch?« – »Na, wir geben es der Stadtbücherei Stuttgart!«, sagte ein anderer. Gesagt, getan. Und wer weiß, vielleicht liegt es ja noch heute dort!

Lisa Witolla (10), Gymnasium Renningen

Stuttgart ist für alle da!

Stuttgart ist eine tolle Stadt.
Meine Mutter hat mich dort zur Welt gebracht.

Doch was mich an Stuttgart stört:
Ich habe fast noch nie kein Auto gehört.
An vielen Stellen stänkern Autos herum,
vor allem dies finde ich dumm.
In den Klassen meistens zu viele Kinder sitzen,
das bringt uns nicht nur im Sommer zum Schwitzen.
Und nur Döner, Pizza und Pommes zu essen,
die Menschen das Gemüse ganz vergessen!

Aber mir gefällt auch Stuttgarts Touristenwelt:
Fernsehturm, Birkenkopf, Bismarckturm –
da hat man nicht nur als Tourist viel zu tun.
Cinemaxx, Bollwerk, Gloria – ein Kinotag,
das ist, was ich gerne mag.
Auf das Volksfest gehen, am besten auf den Cannstatter
    Wasen,
und volle Kanne mit der Achterbahn rasen!

Für Touristen ist Stuttgart vielleicht toll und schön,
doch die Einwohner können das manchmal ganz anders
    sehn!

Blandia Langniß (10), Königin-Olga-Stift

Das schönste Weihnachten einer Katze

Es war Winter. Eine herrenlose Katze streunte über den Schlossplatz. Zwischen Buden und Karussells vom Weihnachtsmarkt fand sie einen Platz zum Schlafen. Sie war müde und kuschelte sich an eine Tannenzweiggirlande, die mit einer Lichterkette umschlungen war und auf den Boden hing. Sie war den ganzen Tag umhergelaufen und hatte nach Futter gesucht, zum Beispiel heruntergefallene Würstchen oder Pommes. Leider gab es hier zwischen den Buden nicht sehr viel zum Essen. Dann schlief sie ein und träumte von einem Besitzer, der ihr viel zu essen gab.

Am nächsten Morgen fing sie wieder an herumzustreunen. Sie ging durch einen Torbogen des alten Schlosses und stand nun vor einem grauen Mann auf einem ebenfalls grauen Pferd. Die Katze fragte ihn: »Guten Tag, haben Sie vielleicht etwas zu essen für mich?« Doch der Mann antwortete nicht. Er bewegte sich auch nicht. Auch das Pferd stand regungslos da und machte kein Geräusch. Da kam eine Gruppe Menschen auf den Mann zugelaufen. Schnell huschte die Katze hinter das Pferd. Auf einmal rief ein Kind: »Mama, wer ist das?« Die Mutter schaute in ihren Reiseführer und antwortete: »Das ist die Statue von Herzog Eberhard im Bart.« Enttäuscht ging die Katze weg, zurück zum Schloss und dann zu ihrem Schlafplatz. Zwischen den vielen Menschen war das nicht einfach. Als sie zu ihrem Schlafplatz kam, lag da schon eine andere Katze. »Hey, das war mein Platz«, fauchte die Katze empört. »Oh«, erwiderte die andere Katze, »dann lege ich mich woandershin.« Da wurde die eine Katze weich und sagte: »Na gut, zusammen ist es bestimmt viel wärmer.« Sie legte sich zur anderen Katze und fragte: »Wie heißt du?« – »Ich heiße Würmchen, weil ich so klein bin und du?« – »Ich heiße Leo, weil ich Punkte wie ein Leopard habe«, antwortete Leo. »Gute Nacht, Würmchen.« Doch Würmchen antwortete nicht, denn sie war schon längst im Reich der Träume angelangt. Dann schlief auch Leo ein.

Als Würmchen am nächsten Morgen aufwachte, lagen sie nicht mehr auf den Tannenzweigen, sondern in einer Kiste aus Metall, die in einem Laster zwischen anderen Kisten lag. Würmchen stieg aus der Kiste und lugte durch das Verdeck nach draußen. Der Laster fuhr auf einer großen Straße. Die Katze schaute sich um und sah hohe Häuser und ein großes rundes Gebäude mit der Aufschrift »Mercedes-Benz Arena«. Würmchen wollte wieder in die Kiste zurücksteigen, doch der Laster fuhr eine scharfe Kurve und Würmchen knallte gegen eine Metallkiste und lag dann wie benommen da. Dabei wachte Leo auf und schrie: »Würmchen, Würmchen, was ist?« Erst jetzt bemerkte sie den Laster. Da fiel ihr ein: »Heute ist der 24. Dezember, der Weihnachtsmarkt wird heute abgebaut!« Schnell stieg Leo aus der Kiste und schaute sich Würmchen an. Sie blutete am Bauch. Der Laster fuhr wieder eine Kurve. Leo musste aufpassen, dass sie selber nicht auch gegen die Kiste flog. Leo konnte sich gerade noch halten. Sie dachte nach, dann legte sie sich Würmchen auf ihren Rücken und sah hinaus. Sie fuhren an Häusern vorbei. Überall sah man helle Lichter und Tannenbäume. Jetzt fuhren sie eine kurvige Straße. Leo wusste von seinem früheren Herrchen, dass das die Bergheimer Steige war. Nun fuhr der Laster wieder geradeaus. Doch er musste anhalten. Stau. Da nutzte Leo die Gelegenheit und sprang raus. Dabei purzelte Würmchen von ihrem Rücken und wachte auf. Die beiden machten sich auf den Weg. Sie liefen eine Weile dahin, da brach Würmchen zusammen. Leo schaute sich um. Ein Schloss. Das Schloss Solitude. Leo hob Würmchen hoch und legte sie wieder auf ihren Rücken, dann stapfte sie los. Doch irgendwann konnte Leo nicht mehr und sie legte sich erschöpft in den Schnee. Sie sagte zu Würmchen: »Das war wahrscheinlich unser letztes Weihnachten.«

Würmchen miaute kläglich. Die Sterne funkelten und es begann wieder zu schneien. Für alle anderen war es das schönste Weihnachten. Doch die beiden Katzen lagen unter einem Baum und froren erbärmlich.

Da kam plötzlich eine Frau den Weg entlang. Sofort stand Leo auf und miaute laut. Die Frau kam auf Leo zu. Leo strich ihr um die Beine und führte sie zu Würmchen, die noch immer blutend unter dem Baum lag. Die Frau nahm Würmchen auf den Arm und trug sie zu ihrem Auto. Sie legte Würmchen auf die Rückbank, während Leo die ganze Zeit um sie herumsprang. Sie wollte auch mit. Da nahm die Frau auch Leo auf den Arm und setzte sie ebenfalls auf die Rückbank. Dann stieg sie ein und fuhr los. Sie fuhr die gleiche kurvige Straße, die der Laster gefahren war. Bald hielten sie an einem Haus im Wald. Die Frau stieg aus, nahm Würmchen auf den Arm und klingelte. Eine andere Frau öffnete und sie gingen ins Haus. Leo miaute kläglich im Auto. Nach zehn Minuten kam die Frau wieder, sie hatte Würmchen auf dem Arm. Würmchen hatte einen Verband um den Bauch. Wieder legte die Frau Würmchen auf die Rückbank und fuhr los. Sie fuhr einen Feldweg entlang und immer tiefer in den Wald hinein und hielt am Ende des Weges vor einem kleinen Haus. Sie trug Würmchen in das Haus und Leo sprang hinterher. Die Frau legte beide auf ein großes Kissen unter den Weihnachtsbaum. Später stellte sie ihnen eine Schüssel mit gekochtem Hühnchen hin. Und noch später machte sie das Licht aus und ging aus dem Zimmer. Leo und Würmchen kuschelten sich aneinander und Leo sagte: »Das war doch nicht unser letztes Weihnachten, sondern das schönste.« – »Ja«, flüsterte Würmchen. Dann schliefen beide ein.

Liliana Reinöhl (11), Leibniz-Gymnasium

Kenneth Oppel
Silberflügel
Band 1 der Fledermaus-Saga
Aus dem Englischen von Klaus Weimann
352 Seiten (ab 12), Gulliver TB 78681

Der Beginn eines fantastischen Abenteuers der jungen Fledermaus Schatten, die die Wahrheit wissen will über die Geheimnisse ihrer Vorfahren und die ewige Feindschaft zwischen den Eulen und den Silberflügeln.

Kenneth Oppel
Sonnenflügel
Band 2 der Fledermaus-Saga
Aus dem Englischen von Klaus Weimann
400 Seiten (ab 12), Gulliver TB 78933

Schatten ist längst nicht mehr der kleine Schwächling in der Kolonie; er war es, der sie aus höchster Gefahr gerettet hat. Doch warum legen die Menschen den Fledermäusen Ringe an? Und wo ist sein Vater?

Kenneth Oppel
Feuerflügel
Band 3 der Fledermaus-Saga
Aus dem Englischen von Klaus Weimann
432 Seiten (ab 12), Gulliver TB 78934

Greif, Schattens Sohn, ist nicht der Mutigste. Trotzdem stiehlt er den Menschen Feuer, um den Fledermaushorst zu wärmen. Doch das Feuer verbrennt seine Freundin Luna lebensgefährlich.

www.gulliver-welten.de
Beltz & Gelberg, Postfach 10 01 54, 69441 Weinheim